les ateliers créatifs

W0390557

Sandrine Muller-Bohard

Patine

Techniques & projets déco

LE TEMPS APPRIVOISÉ

Donner des cours de patine m'a permis de rencontrer des femmes formidables, dont certaines sont devenues des amies. Ces dernières ont beaucoup de points communs : leur humour, leur enthousiasme et leur joie de vivre ; mais elles sont surtout restées positives, optimistes et courageuses malgré les coups durs de la vie. Ce livre leur est dédié.

Merci à David Muller pour les photos de Paris (Fenêtre avec vue, p. 94) et celle des enfants (Cadre Napoléon III, p. 90). Merci à Christine Dublanchy pour l'encadrement de la fenêtre (Fenêtre avec vue, p. 94) et celui du cadre (Cadre Napoléon III, p. 90) - www.talentencadreur.free.fr. Merci à Corinne Saudemont, qui a tapissé avec talent les chaises Louis XV (Chaise baroque, p. 58 et Chaise « city baroque », p. 82) – www.atelierdemontsau.fr. Merci à Fabienne Charbonnier pour m'avoir enseigné la fabrication de l'abat-jour (Lampe bucolique, p. 70). Merci à Chantal Dujardin pour m'avoir épaulée dans la fabrication et la cuisson de la poule en argile (Poule rousse, p. 106).

Merci à Designers Guild pour m'avoir fourni les tissus des chaises style Louis XV (Chaise baroque, p. 58 et Chaise « City baroque », p. 82) – www.designersguild.com. Merci aux Décoratives pour m'avoir fourni la primaire d'accroche tous supports, le vernis à craqueler, la peinture à effet béton ciré, le vernis protecteur satin, ainsi que la peinture platine, or riche et argent. Merci aux Anciens Ébénistes pour m'avoir fourni la cire à patiner incolore, la cire à patiner teinte bois, la teinte bois, la céruse, la primaire d'accroche pour céruse, la mèche de coton et la laine d'acier. Merci à Liberon pour m'avoir fourni la cire à céruser.

Merci à Anne-Sophie Pernot, décoratrice d'intérieur, pour les réalisations des quatre aquarelles (p. 6, p. 44, p. 76, p. 98) - www.agasapo.fr. Merci à Claire Curt pour la photo de la roulotte (p. 99). Merci à Astier de Villatte et à Côté Bastide.

* **Facile**

** **Moyen**

*** **Plus difficile**

Direction éditoriale : Valérie Gendreau
Édition : Amélie Rioual
Relecture : Valérie Balland
Conception graphique : Susan Pak Poy
Mise en pages : Nicolas Piroux
Couverture : Coline de Graaf
Photographies : Fabrice Besse
Stylisme : Sonia Roy
Fabrication : Géraldine Boilley-Hautbois, Louise Martinez
Photogravure : Nord Compo

ISSN : 2102-4782
ISBN : 978-2-299-00-174-6
Dépôt légal : février 2013

Le Temps Apprivoisé
7, rue des Canettes
75006 Paris

http : //www.letempsapprivoise.fr

Avant-propos

Bienvenue dans mon monde, un univers où vous allez prendre plaisir à relooker tout ce qui vous passe entre les mains : le bois bien sûr, mais aussi la terre cuite, le mélaminé, le fer, le rotin… Vous allez apprendre à regarder les objets du quotidien d'un autre œil pour en faire des objets de déco tendance, et vos meubles démodés vont trouver une seconde vie, dans de jolies teintes douces et crayeuses.

Vous constaterez très vite que patiner des objets est gratifiant et très ludique. D'autant plus que la patine telle que je l'enseigne nécessite très peu de matériel de base et vous donne la satisfaction de fabriquer la plupart des matières vous-même, à base de peinture acrylique et de pigments naturels.

De la préparation du support à la fabrication des patines et des couleurs, vous pourrez suivre pas à pas chaque étape permettant de réaliser les principales patines à l'ancienne. Vous connaîtrez tous les trucs et astuces, petits plus indispensables pour un vieillissement authentique.

Sandrine Muller-Bohard

I

Matériel et techniques générales

II

Campagne chic

Sommaire

III
Urban baroque

IV
Ethnique

Matériel et techniques générales

I

La patine permet de vieillir artificiellement un meuble et de lui donner le rendu qu'il aurait eu s'il avait été usé par le temps. Pour bien commencer, il est nécessaire de connaître non seulement le matériel nécessaire, mais aussi les techniques de base pour réussir tous vos projets.

atelier 1

Choisir son matériel

Le matériel nécessaire pour faire une patine n'est vraiment pas compliqué à se procurer, et vous vous apercevrez vite que vous possédez déjà la plupart des matériaux chez vous. Commencez par faire l'inventaire de ce dont vous disposez avant d'investir.

La préparation du support

+ 1 éponge abrasive grain n° 60 ou n° 80, pour enlever la cire ou le vernis.
+ De la lessive Saint-Marc multi-usages à la résine de pin.
+ De l'enduit de rebouchage en pâte pour les petites fissures.
+ De l'enduit de lissage pour les fissures moyennes.
+ De la pâte à bois pour les grosses fissures.
+ De la sous-couche, également appelée primaire d'accroche ou couche d'apprêt.

La fabrication de la patine

+ De la peinture acrylique blanc mat : n'achetez pas la moins chère, car la qualité sera mauvaise, ce qui se ressentira sur la patine. Évitez également de choisir de la peinture monocouche, car elle est épaisse. Préférez de la peinture pour murs et plafonds.
+ De la peinture blanc satiné pour la patine à l'anglaise et l'effet ardoise.
+ Des colorants pour peinture en tubes ou en flacons. Vous pouvez réaliser la majorité des couleurs de patine avec 4 teintes.
+ Des pigments en poudre, indispensables pour réaliser les glacis.
+ Du blanc de Meudon pour les patines doubles et les patines à effets de matière. Il s'agit d'une poudre blanche très fine, très crayeuse, que vous trouvez généralement dans les matériaux de bâtiment des magasins de bricolage.

Les patines spéciales

+ De la cire à céruser, pour la céruse, mais aussi pour les effets blanchis et pour mettre en valeur les reliefs et les volutes de bois ou de résine.
+ 1 pot de cire dorée et argentée, afin de rehausser les patines dorées ou argentées et de mettre en valeur les reliefs et les volutes de bois ou de résine.
+ Du vernis à craqueler.
+ De la peinture à effet béton ciré.

Les pinceaux

+ Des pinceaux acryliques (manche de couleur bleue) : vous avez besoin de 2 brosses, l'une de largeur 50 à 70 mm pour peindre les gros objets, l'autre de largeur 13 à 35 mm pour les finitions.
+ Des pinceaux glycéro (manche de couleur rouge) : ils servent surtout à appliquer la cire. L'idéal est d'avoir un pinceau de largeur 50 mm pour appliquer le glacis sur les gros objets et un autre de largeur 13 à 35 mm pour les finitions.
+ 1 pinceau à badigeon : c'est une brosse plus dure qu'un pinceau traditionnel, qui sert pour le badigeon et pour l'effet zingué.
+ 1 pinceau à rechampi : grâce à sa brosse taillée en pointe, il sert à patiner les rebords de plateaux ou les tranches de portes.
+ 1 pinceau à pochoir : il est petit avec des poils courts et disposés en rond, afin que la peinture ne bave pas.
+ Des pinceaux fins n° 4 ou n° 6 pour réaliser les trompe-l'œil.
+ 1 spalter pour appliquer le vernis.

La protection du support

+ De la cire à patiner incolore.
+ Du vernis : aussi appelé « protecteur », il est appliqué sur toutes les surfaces horizontales afin de les protéger des rayures. Choisissez plutôt un vernis acrylique mat ou satin, qui va préserver l'aspect crayeux de la patine.

Le petit matériel

+ La mèche de coton : elle sert à obtenir l'effet essuyé du glacis et à appliquer la cire pour protéger le meuble.
+ Les abrasifs :
  - de l'abrasif n° 000 ou n° 320, ou du papier de verre, pour poncer les impuretés entre 2 couches de vernis ou pour poncer le bois après l'application de la sous-couche ;
  - de l'abrasif n° 80 ou n° 120, ou du papier de verre grain moyen pour poncer lors de la réalisation de la patine double ;
  - de la laine d'acier n° 000 pour lustrer et pour vieillir ;
  - de la laine d'acier n° 0 pour décaper, creuser les veines du bois et pour la céruse.

Le conseil de Sandrine

Pour conserver vos pinceaux acryliques pendant plusieurs jours sans les nettoyer, enveloppez-les dans un sac plastique ou dans du papier cellophane. En revanche, les pinceaux glycéro doivent systématiquement être nettoyés au white-spirit après chaque utilisation.

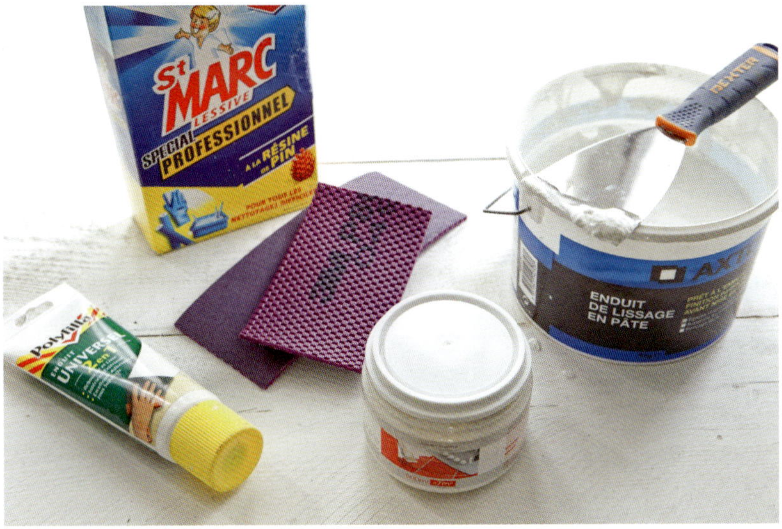

atelier 2

Préparer le support

Les patines à l'ancienne nécessitent une préparation correcte du support, afin de conditionner la bonne tenue de la peinture et la réussite de la patine. Les meubles en bois brut et les meubles vernis ou cirés n'exigent pas le même travail préliminaire.

A

B

Si vous souhaitez patiner un meuble ancien, la première étape est indispensable.
En revanche, si votre meuble est en bois brut, il vous suffit de le nettoyer pour enlever les éventuelles traces de poussière avant de passer directement au rebouchage des fissures.

Enlever la cire ou le vernis

Lorsque vous travaillez sur un meuble ancien, il faut commencer par lui ôter sa protection, afin que les étapes suivantes accrochent sur le support. Que votre support soit vernis, huilé ou ciré, il existe une technique rapide, économique et écologique qui évite de poncer le support, ce qui génère beaucoup de poussière, ou de le décaper, ce qui est extrêmement nocif pour le bois.

Le conseil de Sandrine

**Pour plus d'efficacité, choisissez une éponge abrasive avec le recto abrasif et le verso éponge.
Si votre éponge est trop longue, découpez-la en bandes de 8 cm de large environ.**

fournitures

- 1 éponge abrasive grain n° 60 ou 80
- de la lessive Saint-Marc multi-usages à la résine de pin
- 1 seau, 1 éponge
- 1 gant de protection (facultatif)

.1. Versez 2 cuillères à soupe de cristaux de lessive dans un seau d'eau tiède et mouillez l'éponge abrasive.
.2. Effectuez 2 ou 3 passages rapides sur le support, en travaillant par bande de 20 à 30 cm de long, jusqu'à voir apparaître une bouillie marron. Respectez le sens des veines du bois afin de ne pas le rayer **(A)**.
.3. Essuyez instantanément cette bouillie avec l'éponge. Rincez-la dans le seau, puis répétez l'opération sur la bande suivante.
.4. Laissez sécher. Il n'est pas nécessaire de retrouver un bois totalement brut, mais le support doit être mat afin de faciliter l'accroche de la sous-couche ou de la patine **(B)**.

Si votre support est en mélaminé ou en contreplaqué, inutile de pratiquer cette méthode. Dégraissez simplement le meuble en le nettoyant avec une éponge normale trempée dans le seau au préalable.

Le conseil de Sandrine

Pour les objets avec des reliefs et des moulures, utilisez une boule de laine d'acier n° 0 de la taille d'une éponge qui délogera la cire ou le vernis dans les aspérités difficiles d'accès.

Reboucher les trous et les fissures

+ Si vous constatez de petits tas de sciure au pied du meuble ou à l'intérieur des tiroirs, c'est que votre meuble est habité par des insectes ou par des vers : commencez par le traiter avec un insecticide. En revanche, il n'est pas nécessaire de reboucher les trous d'insectes et de vers, car ils participent à l'aspect vieilli du support.
+ Pour une fissure légère : frottez du bout du doigt une petite noisette d'enduit de rebouchage en pâte. La pâte comble immédiatement le support ***(A)***.
+ Pour de nombreux trous et fissures légères : passez de l'enduit de lissage sur le support endommagé, à l'aide d'une spatule. Laissez sécher une demi-journée, puis poncez toute la surface à l'aide de papier de verre n° 80 ***(B)***.
+ Pour les fissures plus importantes dont la largeur est supérieure à 2 millimètres : comblez la fissure avec de la pâte à bois, mais sans la boucher jusqu'en haut, car cela entraîne souvent une protubérance difficile à égaliser. Laissez sécher pendant une journée, puis comblez le reste de la fissure avec de l'enduit de lissage. Terminez ensuite comme dans le cas des fissures légères.
+ S'il reste un surplus d'enduit sur votre support après avoir frotté du bout du doigt ou après avoir utilisé la spatule, vous pouvez passer une éponge mouillée sur le support ou laisser sécher 1 h, puis poncer avec du papier de verre n° 120, puis avec du papier de verre n° 000 ou n° 320.
+ Lorsque vous rebouchez de grosses fissures, il est possible que l'enduit se rétracte par endroits en séchant. Si c'est le cas, répétez l'opération de rebouchage une seconde fois.

Le conseil de Sandrine

Vous pouvez reconstituer une moulure ou un morceau de baguette grâce à l'enduit de rebouchage. Commencez par reconstituer grossièrement la moulure avec de la pâte à bois, puis collez-la à l'endroit désiré. Laissez sécher une journée, puis frottez-la du bout du doigt avec de l'enduit de lissage, qui va combler les aspérités et les effets disgracieux de la pâte à bois.
Une fois sec, poncez délicatement avec du papier de verre n° 120, puis n° 320.

A

B

atelier 3

Réaliser la sous-couche

Également appelée primaire d'accroche ou couche d'apprêt, la sous-couche est une étape incontournable pour la majorité des patines. Elle est la garantie de la longévité de la patine : sans sous-couche, elle partira en éclats au moindre choc.

A

Choisir la sous-couche

Selon le meuble que vous souhaitez patiner, la sous-couche à employer sera différente.

La sous-couche tous supports

Elle peut être utilisée pour un meuble ancien, ciré ou vernis, pour un support en métal, en fer ou en résine et pour les dorures.
Elle a d'une part un fort pouvoir d'accroche, ce qui permet une excellente adhésion des autres couches de peinture, et, d'autre part, elle agit en tant que bloquant pour empêcher le support de recracher ses tanins ou les cires dont il s'est gorgé au cours des années d'entretien.
Si vous voyez apparaître des auréoles jaunes, vertes ou roses dans le quart d'heure qui suit l'application de la sous-couche tous supports, cela signifie que celle-ci n'a pas assez bloqué les tanins du bois ***(A)***. Dans ce cas, repassez une deuxième couche de peinture sur les auréoles et renouvelez l'opération jusqu'à ce qu'elles aient disparu. Pour les meubles cirés, il n'est pas rare de devoir appliquer 3 ou 4 couches.

La sous-couche acrylique

Pour un meuble brut, du carton, ou de la pierre, inutile d'investir dans une sous-couche adaptée au support, vous pouvez tout à fait utiliser une sous-couche universelle ordinaire bien moins onéreuse, comme celle que l'on utilise sur les murs par exemple.
Faites cependant attention à quelques exceptions :

+ un meuble en bois brut exotique doit être traité comme un meuble ancien, car il rejette énormément de tanin. C'est notamment le cas du manguier, du teck et de l'acajou ;
+ pour les résines ornementales (petits anges, appliques murales ou frontons), utilisez une sous-couche tous supports : elles ont parfois des résidus de cire conservés après leur fabrication dans le moule.

Le conseil de Sandrine

Vous pouvez colorer la sous-couche selon les techniques décrites p. 14.
Cela peut vous permettre de renforcer l'intensité de la couleur de votre patine, en colorant la sous-couche dans une teinte similaire. Mais la sous-couche ne se substitue pas pour autant à la peinture.

Le conseil de Sandrine

Si vous n'avez pas de sous-couche tous supports, vous pouvez utiliser de la sous-couche glycérophtalique mate qui a les mêmes propriétés d'accroche et de bloquant.

Le conseil de Sandrine

Pour les pieds de lampe, le sens des veines du bois n'a pas d'importance. Commencez plutôt par le bas en tenant la lampe par le haut, puis posez le pied et terminez l'application.

Appliquer la sous-couche

Sur de petites surfaces

.1. Si votre pot de sous-couche est neuf ou trop ancien, diluez la sous-couche à l'eau à 10 %, car elle est probablement trop épaisse. Autrement dit, mélangez 1 unité d'eau à 9 unités de sous-couche. Vous ne devez pas avoir de difficulté à étaler la peinture, qui doit être relativement liquide.

.2. Ne chargez pas trop votre pinceau. La sous-couche doit être appliquée et étirée en fine pellicule, car elle n'a pas de vocation couvrante ***(B)***. Évitez les coulures ou les « paquets » et veillez à bien respecter le sens des veines du bois : le bois « imprime » le mouvement du pinceau, et un coup de pinceau fantaisiste se voit inévitablement au moment du ponçage, surtout dans le cas des patines soustractives.

.3. Laissez sécher 1 à 2 h dans le cas des sous-couches acryliques, ou 24 h pour les sous-couches tous supports.

Sur de grandes surfaces

Pour les grandes surfaces, vous pouvez délaisser le pinceau pour un petit rouleau de largeur 180 mm, qui vous permettra de gagner du temps.

.1. Appliquez le rouleau imbibé de sous-couche sur une bande du support ***(C)***.

.2. Lissez immédiatement avec un pinceau large, afin d'éliminer les effets disgracieux du rouleau et de donner un sens à la patine.

Poncer

Sous l'action de la sous-couche, votre support va se « hérisser ». Le toucher est grumeleux et désagréable : il est nécessaire de poncer avec un abrasif à grain très fin, n° 000 ou n° 320, jusqu'à obtenir un toucher « peau de pêche ». La plupart du temps, 1 ou 2 passages suffisent.

B

C

Le conseil de Sandrine

Si vous partez d'un meuble en bois brut, vous n'êtes pas obligé d'utiliser une sous-couche. La peinture peut alors faire office de substitut : prélevez un peu de peinture, diluez-la à 20 % (soit 2 unités d'eau pour 8 unités de peinture), puis appliquez-la sur le support. Une fois la peinture sèche, poncez avec un abrasif à grain très fin jusqu'à obtenir un toucher « peau de pêche ».

atelier 4

Réaliser ses couleurs

Qu'il s'agisse de patiner un meuble ou de peindre un mur, réaliser vous-même vos couleurs est plus économique, plus valorisant que de les acheter toutes faites. Avec un peu d'expérience, vous maîtriserez les dosages et vous pourrez fabriquer la teinte que vous aviez en tête.

Réaliser ses couleurs

On peut facilement recycler un fond de pot de peinture pour le transformer en une autre couleur. D'une manière générale, si vous souhaitez réaliser une couleur claire, partez d'une peinture acrylique blanc mat de base ; si vous voulez obtenir une couleur foncée, choisissez une couleur de base qui se rapproche de la couleur finale. Il est déconseillé d'ajouter trop de colorants dans un mélange, car cela le rend satiné et gluant. Pour la plupart des objets à patiner, il vous suffit de préparer l'équivalent d'un pot de confiture de peinture. Partez donc à chaque fois des unités suivantes : 1 pot de confiture rempli aux trois quarts pour la peinture et 1 goutte pour les colorants.

Le conseil de Sandrine

La majorité des peintures acryliques blanc mat que l'on trouve dans le commerce est monocouche, donc très épaisse.
Si c'est le cas, n'oubliez pas de la diluer à 10 % ou à 20 % avec de l'eau afin d'obtenir la texture adéquate pour réaliser vos patines.

Colorants ou pigments ?

Il vous suffit de 4 couleurs de base de colorants ou de pigments mélangées à de la peinture acrylique pour obtenir toutes les couleurs possibles. C'est beaucoup moins cher que si vous achetez de la peinture déjà prête.

Les colorants

Ils sont plus simples à utiliser, car ils se mélangent instantanément à la peinture et sont donc très maniables. Ils sont concentrés, et une quantité infime suffit à réaliser votre couleur. Ils existent en petits tubes ou en flacons.
4 teintes de base sont incontournables pour réaliser la plupart des couleurs de patine :
+ ombre naturelle, qui donne une teinte verte légèrement grisée ;
+ ombre brûlée (ou ombre calcinée), qui donne une teinte rosée ;
+ ocre jaune (ou oxyde jaune), qui donne un aspect plus chaleureux ;
+ noir, qui, dilué dans du blanc, donne une teinte gris bleuté.

Les pigments

Ils sont indispensables pour réaliser un glacis. Ils ont l'avantage d'être plus riches en terme de couleurs et plus naturels.
Ils offrent de belles nuances à la patine et apportent une jolie finition crayeuse à votre support. En revanche, les pigments sont plus difficiles à manier : il faut commencer par mélanger 1 ou 2 cuillères à café de pigment avec un peu d'eau et un peu de peinture acrylique dans un ramequin, afin que le pigment se mélange facilement.
Au bout de 10 min, une fois que toutes les particules du pigment ont bien éclos, il faut remuer de nouveau le mélange. Le pigment est alors prêt à être incorporé à la peinture.

Comment réussir ses couleurs ?

+ Ne vous fiez pas à la couleur que vous voyez dans le pot, parfois les couleurs foncent en séchant. Pour avoir une idée précise de la couleur finale, prélevez régulièrement du bout du doigt un peu de peinture et mettez-la sur une feuille blanche. Séchez à l'aide d'un sèche-cheveux : une fois sèche, la couleur obtenue correspond à la couleur finale.
+ Pour éclaircir une couleur, ajoutez de la peinture blanche dans le mélange.
+ Pour foncer une couleur, ajoutez les mêmes colorants en quantité plus importante, en respectant les proportions. N'utilisez jamais de noir pour foncer une couleur, il n'est utilisé que pour l'obtention des gris.
+ Pour obtenir un aspect « fané », ajoutez 1 ou 2 gouttes d'ombre naturelle au mélange, quelle que soit la couleur.
+ Pour « réchauffer » une couleur, ajoutez 1 ou 2 gouttes de jaune moyen ou d'ocre jaune.

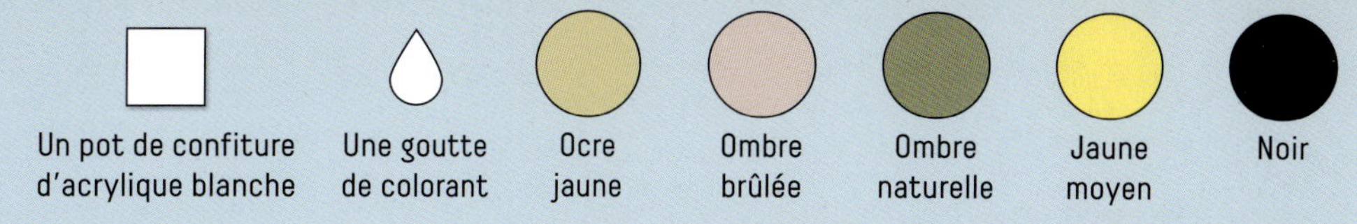

Le conseil de Sandrine

Les pots ne sont pas toujours libellés « peinture acrylique » ou « peinture glycérophtalique ».
Pour être certain de la nature de la peinture, regardez la rubrique « nettoyage des outils ». Le nettoyage à l'eau correspond à une peinture acrylique, et le nettoyage au white-spirit correspond à une peinture glycérophtalique.

Réaliser les lins

Utilisez dans les mêmes proportions 2 couleurs de base, qui vont s'annuler et se compenser : l'ombre naturelle (gris/verdâtre) et l'ombre brûlée (brun/rosé). Si vous souhaitez obtenir un lin plutôt rosé, commencez par mettre de l'ombre brûlée, puis compensez le côté rosé en ajoutant de l'ombre naturelle. Inversement, si vous désirez un lin plutôt vert, commencez par mettre de l'ombre naturelle, puis compensez le côté vert en ajoutant de l'ombre brûlée.

1. Lin craie :
2. Lin sable :
3. Lin mastic :

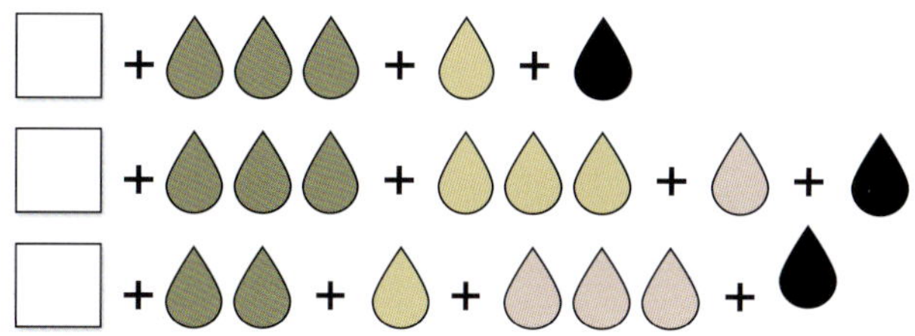

Réaliser les taupes

Le taupe est un lin un peu plus foncé. Si vous partez de peinture marron/chocolat, il vous suffit d'ajouter un peu de blanc. Vous pouvez aussi mélanger du rouge et du vert à parts égales, puis ajouter une touche de blanc à votre mélange, qui sera donc plutôt vert ou plutôt rosé. Reprenez alors le même raisonnement que pour la fabrication de la couleur lin : s'il est plutôt vert, compensez en ajoutant de l'ombre brûlée, et s'il est plutôt rosé, compensez en ajoutant de l'ombre naturelle.
Pour griser une couleur taupe, ajoutez un peu de noir dans le mélange, puis ajoutez un peu d'ocre jaune pour réchauffer la teinte.

4. Taupe grès :
5. Taupe argile :
6. Terre fumée :

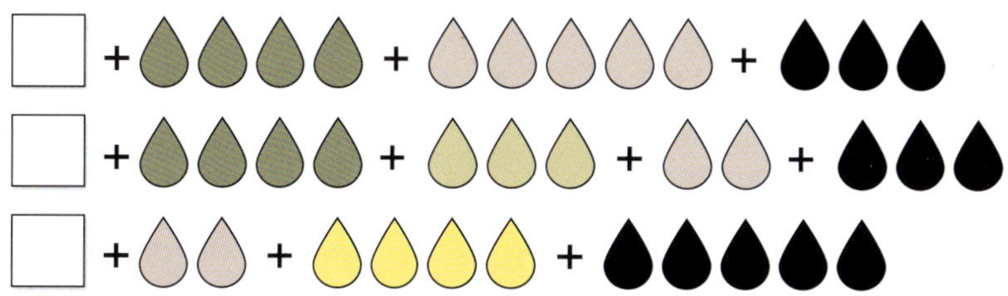

Un pot de confiture d'acrylique blanche

Un pot de confiture d'acrylique jaune moutarde

Un pot de confiture d'acrylique rouge

Une goutte de colorant

Réaliser les jaunes ⊳

Partez d'une base blanche, à laquelle vous ajoutez du jaune moyen ou de l'ocre jaune, selon l'intensité de jaune recherchée. Attention, un jaune est plus joli lorsqu'il est un peu atténué avec du noir ou de l'ombre naturelle.

7. Jaune coquille :

8. Jaune paille :

9. Gingembre :

10. Biscuit :

11. Café au lait :

12. Dunes :

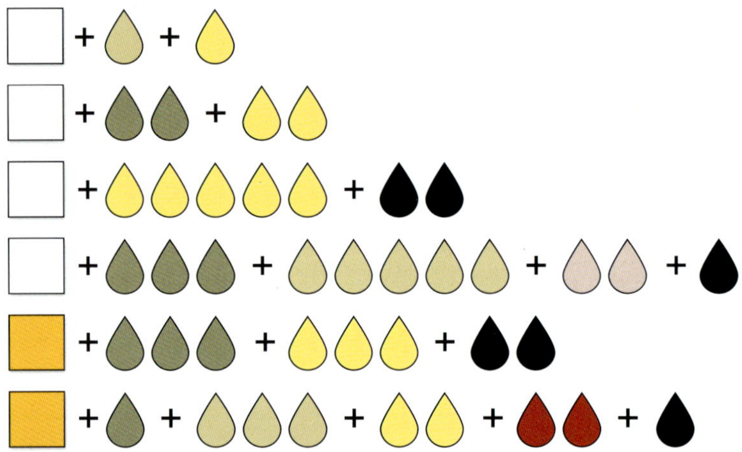

Réaliser les verts ⊳

En patine, il n'est pas nécessaire de mélanger du jaune et du bleu pour réaliser du vert. Les plus jolis verts sont fabriqués avec une forte concentration d'ombre naturelle.

13. Anis :

14. Tilleul :

15. Absinthe :

16. Argile des marais :

17. Vert-de-gris :

18. Gris passe-partout :

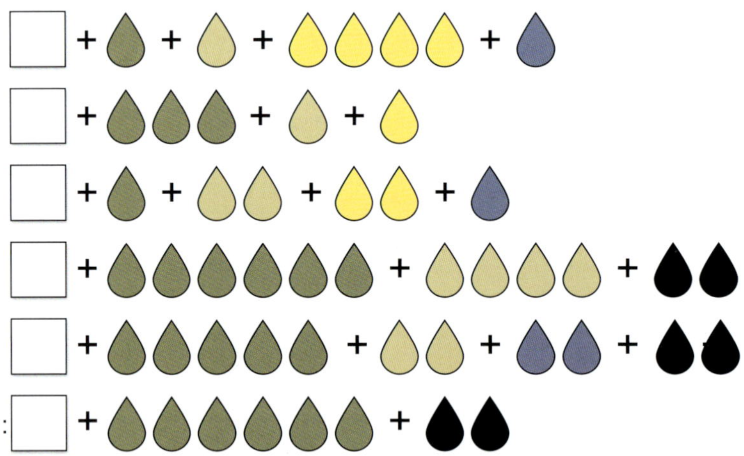

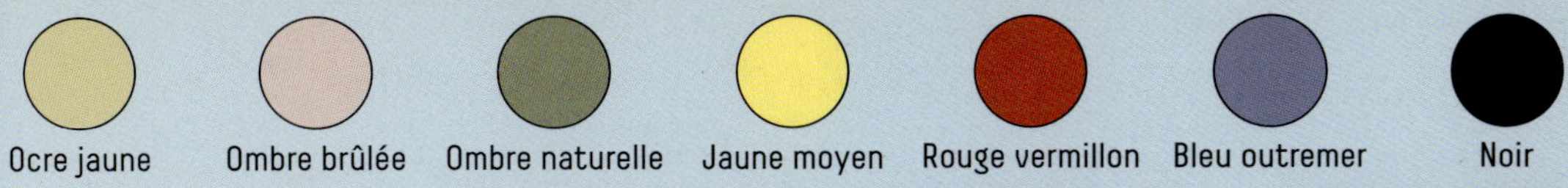

Réaliser les rouges »

Évitez de trop utiliser le rouge en patine, car sa forte concentration en colorants lui donne un aspect satiné, et non l'aspect crayeux que l'on attend d'une patine. Réservez-le pour le glacis, le jus et la céruse.

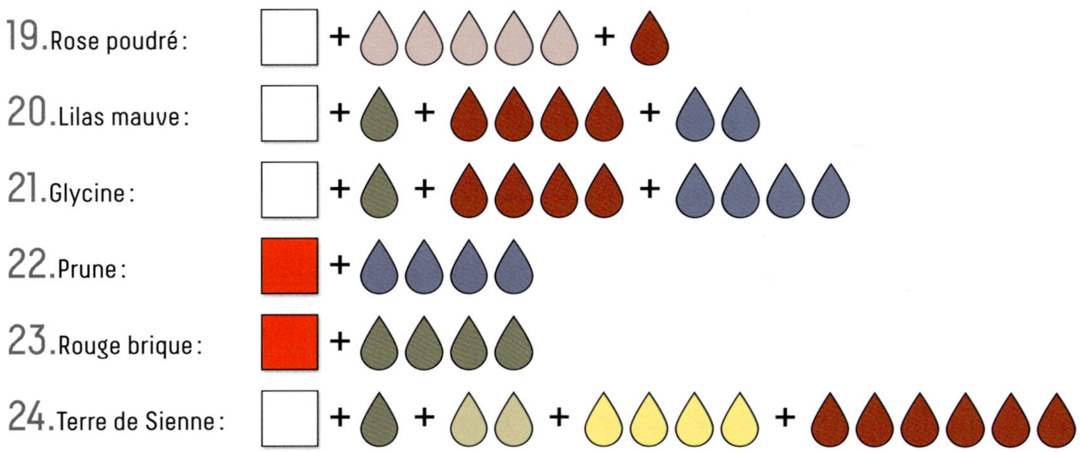

Réaliser les gris et les bleus »

Les plus jolis gris sont réalisés en ajoutant simplement du colorant ou du pigment noir dans votre base blanche. On obtient alors un gris légèrement bleuté. Pour « réchauffer » le gris, il suffit d'ajouter une goutte d'ocre jaune et une goutte d'ombre naturelle dans la couleur.

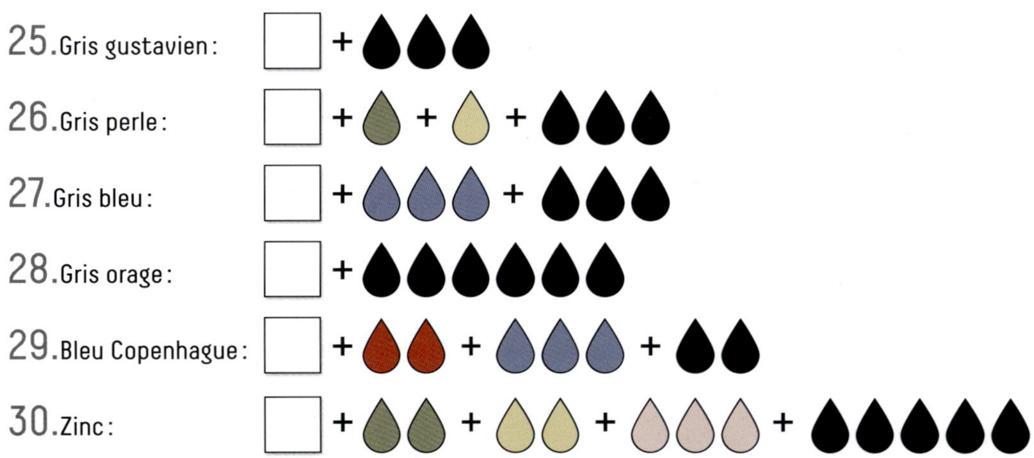

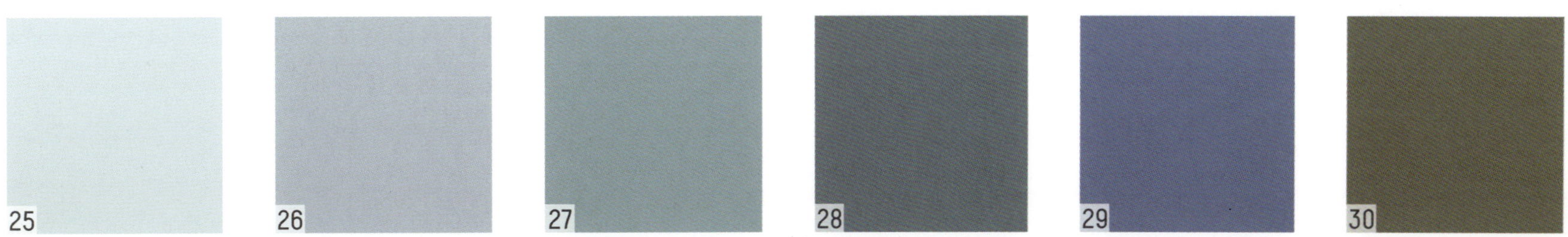

atelier 5

Choisir sa patine

Vous allez spontanément ressentir une attirance particulière pour un type de patine plutôt que pour un autre. Pourtant, certains meubles se prêtent davantage au glacis qu'à la céruse, à la patine double qu'au jus, etc., et certains univers seront mieux rendus avec certaines patines.

Il existe 6 grands types de patine. Les échantillons ci-dessous, tous réalisés avec une base de peinture acrylique mate de couleur gris passe-partout, présentent les multiples nuances qu'apportent les différentes manières de patiner un objet. Vous pouvez ainsi comparer facilement les effets obtenus en fonction des choix réalisés.

Choisir sa patine en fonction du meuble

+ **Pour les grandes surfaces planes**, comme une armoire, un vaisselier ou un buffet, la patine double sera plus appropriée, car elle permet de rompre avec la monotonie des lignes droites du meuble.
+ **Pour un meuble ou un cadre avec moulures**, style Louis XV, Louis-Philippe ou Henry II, seul le glacis a la faculté d'apporter de jolies nuances poudrées et de mettre en valeur les reliefs.
+ **Pour un meuble en chêne**, pensez à la céruse. Une céruse à base de gris orage sur une cuisine vieillotte aura un effet moderne qui changera radicalement l'atmosphère de votre cuisine.
+ **Pour un meuble malmené**, pensez à réaliser un effet béton ciré ou un jus. Ce type de patine très solide est idéal pour les surfaces soumises à rude épreuve telles que les plans de travail ou les tables basses.

Le jus

La céruse

La patine double

Le glacis

Le badigeon essuyé

Le frottage

Choisir sa patine en fonction de l'univers

Pour votre intérieur, choisissez un style de décoration de base qui va vous guider pour le choix des meubles, des tissus et des couleurs. C'est l'environnement du meuble qui va en déterminer la patine.

Le style campagne chic

Le style urban baroque

Le style ethnique

Le style campagne chic

C'est l'univers qui utilise le plus les meubles patinés, les meubles chinés et l'esprit brocante. Tout peut être patiné, y compris un lustre à pampilles, une applique...

+ **Le style bord de mer** requiert des patines crayeuses aux teintes gris perle, gris bleuté, gris orage et, par touches, le bleu outremer. Cet univers privilégie le côté naturel des meubles, mis en valeur grâce à une céruse ou à un glacis à la cire appliqué à même le bois. Utilisez des tissus naturels et bruts.
+ **Le style Gustavien** utilise les gris gustaviens, les teintes lin, les taupes et les vert-de-gris. Les meubles doivent avoir un aspect ancien, et seront patinés avec une patine double ou un glacis dans des tons lin et ivoire. Quelques touches d'effet zingué sur du fer ou sur un œil-de-bœuf seront du plus bel effet. Utilisez des lins, des boutis, des patchworks ou des broderies, le tout dans les tons blanc, lin, taupe ou gris clair.
+ **Le style baroque classique** utilise les couleurs chaudes, évoquant les décors de théâtre : les rouges, le doré, le vert bouteille. Privilégiez le glacis ou la patine à l'anglaise sur des bases de tons verts ou rouges, rehaussé de quelques touches de doré. Utilisez des tissus lourds tels que des velours, des cuirs, des damassés.

Le style urban baroque

C'est un style à la fois moderne et intemporel, épuré et simple. Il privilégie les teintes noires et blanches, avec tous les camaïeux de gris par touches. N'hésitez pas à intégrer des plumes, des perles ou de la dentelle pour réaliser de jolies finitions.

+ **Le style urbain** évoque les grands espaces des lofts, les lignes sobres et épurées. Les couleurs privilégiées sont le gris, le blanc et le noir, avec quelques touches de prune, de fuchsia ou de vert anis pour dynamiser l'ambiance. N'hésitez pas à transformer et à patiner des meubles mélaminés, parfaitement adaptés à cet univers. La patine blanc antique est la base principale du style urbain, mais pensez aussi au jus noir, à la patine à effet zingué, à la patine ardoise ou au béton ciré.
+ **Le style baroque contemporain** est très féminin, avec beaucoup de volutes et de moulures. Les meubles style Louis XV correspondent parfaitement à cet univers. Proche du style urbain, il utilise les teintes noir, blanc et argenté, avec quelques touches de prune, de rose poudré, de rouge ou de turquoise. La patine Napoléon III, la patine blanche ou le glacis dans des tons gris orage sont indiqués pour cet univers. Privilégiez le cuir et le vinyle.

Le style ethnique

Cet univers s'inspire des ambiances indiennes ou asiatiques. Pour un rendu plus authentique, partez d'un meuble style colonial.

+ **Le style indien** préconise des teintes chaudes, dans les ocres, les jaunes, les turquoises, les roses, les rouges. La patine la plus indiquée est la patine double, très vieillie. Le bois foncé (acajou ou chêne moyen) est souvent utilisé. Les tissus sont très colorés, principalement orange, violet, rouge, turquoise et vert, avec des motifs ou des rayures, le tout rehaussé de broderies dorées.
+ **Le style asiatique** est dominé par le noir et le rouge. Le meuble est parfois orné de peintures à la main, noires ou dorées. Les patines les plus utilisées sont la patine à la bougie (pour un style très vieilli) et le glacis noir. Cet univers privilégie la sobriété, les tissus utilisés sont le plus souvent blancs, en léger voile, tandis que les persiennes ou les stores au bois foncé ou blanc se substituent aux rideaux.

atelier

Le jus

Le jus ne peut être réussi que sur un bois totalement nu ou parfaitement déciré et dépoussiéré. C'est la patine la plus simple et la plus rapide à réaliser, qui nécessite peu de matériel, et dont le principe est d'utiliser le bois comme une couleur à part entière.

A

B

Le conseil de Sandrine

Pour les couleurs foncées, comme les noirs, les gris, les verts ou les taupes, vous pouvez remplacer la cire incolore par de la cire teinte bois (noyer ou chêne moyen). La teinte de la cire va foncer le bois et lui donner de jolis reflets dorés. Les contrastes seront plus marqués et plus chatoyants.

Le jus pour les effets bruts et naturels

Il s'utilise sur un bois veiné, tel que le pin ou le chêne. Cette technique met en relief les volutes du bois, tout en gardant son aspect naturel.

fournitures

- de la peinture acrylique mate de la couleur désirée
- de la cire à patiner incolore
- le petit matériel pour peindre, poncer, protéger, lustrer

.1. Décirez votre support ou partez d'un support brut. Veillez à ce qu'il soit parfaitement dépoussiéré.
.2. Dans un pot de confiture, diluez votre peinture acrylique à 30 % dans de l'eau. Autrement dit, mélangez 3 unités d'eau pour 7 unités de peinture. Appliquez la couleur au pinceau acrylique, directement sur le support, en veillant à bien respecter le sens des veines du bois. La peinture va être absorbée immédiatement, laissant apparaître les volutes du bois. Elle doit faire l'effet d'un voile et ne doit pas être totalement opaque ou couvrante ***(A)***.
.3. Laissez sécher. Vous constaterez que votre bois est « hérissé ». Poncez tout le support avec du papier de verre n° 000 ou n° 320 pour obtenir un toucher « peau de pêche ». Poncez avec du papier de verre n° 80 ou n° 120 les endroits où vous souhaitez retrouver l'aspect naturel du bois.
.4. À l'aide de la mèche de coton imbibée de cire (ou d'un pinceau glycéro), appliquez de la cire à patiner incolore sur tout le support. Le contraste peinture/bois va s'accentuer.
.5. Laissez sécher puis lustrez avec un chiffon. Si vous souhaitez un effet brillant, lustrez avec de la laine d'acier n° 000 ***(B)***.

Le conseil de Sandrine

Si vous utilisez cette technique sur un parquet ou sur un escalier, il est nécessaire de renforcer la protection de la patine : remplacez la cire par 2 couches de vernis vitrificateur et veillez à laisser sécher une demi-journée entre chaque couche.

Les conseils de Sandrine

Si vous souhaitez que la peinture apparaisse de manière plus translucide, faites un mélange de peinture dilué à 30 %.
Si vous souhaitez que le bois contraste avec le noir, choisissez une cire à patiner « chêne clair », qui donnera une teinte miel au bois.

Le noir Napoléon III

C'est une patine très élégante, simple à réaliser. Le bois semble « brûlé », et comme pour le jus, il n'y a pas d'épaisseur de peinture, le bois apparaît de manière diaphane çà et là sur le meuble. Les angles poncés laissent apparaître un bois couleur miel ou acajou qui souligne délicatement les volumes.

fournitures

- de la peinture acrylique noir mat
- de la cire à patiner teinte bois (chêne moyen, chêne foncé, noyer ou acajou)
- le petit matériel pour peindre, poncer, protéger, lustrer

.1. Décirez votre support ou partez d'un support brut. Veillez à ce qu'il soit parfaitement dépoussiéré.

.2. Dans un pot de confiture, diluez votre peinture acrylique à 20 % dans de l'eau. Autrement dit, mélangez 2 unités d'eau pour 8 unités de peinture. Appliquez la couleur au pinceau acrylique, directement sur le support, en veillant à bien respecter le sens des veines du bois. La peinture va être absorbée immédiatement, laissant apparaître les volutes du bois. Elle doit faire l'effet d'un voile et ne doit pas être totalement opaque ou couvrante ***(A)***.

.3. Laissez sécher. Vous constaterez que votre bois est « hérissé ». Poncez tout le support avec du papier de verre n° 000 ou n° 320 pour obtenir un toucher « peau de pêche ». Le bois a un aspect gris mat.

.4. Poncez les angles et le contour des poignées avec du papier de verre n° 80. Le bois doit apparaître bien clair, afin de marquer le contraste avec le noir.

.5. À l'aide de la mèche de coton imbibée de cire (ou d'un pinceau glycéro), appliquez de la cire à patiner teinte bois sur tout le support. Cela va approfondir la teinte bois, tout en teintant le bois mis à nu sur les arêtes ***(B)***.

.6. Laissez sécher puis lustrez avec un chiffon. Si vous souhaitez un effet brillant, lustrez avec de la laine d'acier n° 000 ***(C)***.

A

B

C

atelier 7

La céruse

La céruse est une patine simple et élégante, qui nécessite très peu de matériel. Il s'agit d'appliquer une cire ou un liquide blanc à même le bois, lequel va se loger dans les veines et laisser de jolis effets blanchis. Les bois noueux et à pores ouverts sont conseillés pour que l'effet soit réussi.

Il existe 2 types de céruse :

+ la cire à céruser, simple d'utilisation. Elle est forcément blanche et ne peut être utilisée que sur les objets ou les surfaces qui ne sont pas malmenés ;
+ la céruse, qui nécessite l'application d'une primaire, mais qui peut se teinter et être appliquée sur de grandes surfaces, comme un escalier ou du parquet.

La cire à céruser sur fond coloré

Si vous n'aimez plus la couleur du bois ou que celui-ci est trop abîmé, vous pouvez peindre votre support avant d'appliquer la céruse. Cela lui donnera un effet nuageux, doux et chamarré. La céruse étant une cire blanche, choisissez une couleur de fond assez foncée qui va trancher, tout en sachant qu'une fois la céruse appliquée, la couleur de fond va s'éclaircir de deux tons.

fournitures

- de la peinture acrylique mate
- de la cire à céruser
- de la laine d'acier n° 0, n° 000
- du papier de verre n° 000 ou n° 320
- 1 chiffon

.1. Décirez votre support ou partez d'un support brut. Veillez à ce qu'il soit parfaitement dépoussiéré.

.2. Avec la laine d'acier n° 0, brossez-le dans le sens des veines du bois, pour creuser les fibres et faire ressortir les reliefs. Laissez sécher. À ce stade, votre bois va se « hérisser » ; poncez avec du papier de verre n° 000 ou n° 320 pour un toucher « peau de pêche ».

.3. Dans un pot de confiture, diluez votre peinture acrylique à 40 % dans de l'eau. Autrement dit, mélangez 4 unités d'eau pour 6 unités de peinture. Appliquez-la généreusement : la couleur doit bien imbiber le bois. Laissez sécher, puis brossez de nouveau avec la laine d'acier ***(A)***.

.4. Imbibez le chiffon de cire à céruser, et appliquez-la sur votre support en petits mouvements circulaires. Insistez, car la cire doit bien pénétrer dans les pores. À cette étape, votre support doit être totalement blanc ***(B)***.

.5. Laissez sécher 10 min, puis retirez l'excédent de cire à l'aide d'un chiffon bien tendu, légèrement imbibé de cire à patiner incolore, en cercles concentriques. Ne suivez surtout pas les veines du bois pour ne pas retirer la cire blanche incrustée ***(C)***.

.6. Laissez sécher totalement votre support, puis lustrez-le avec de la laine d'acier n° 000. Les contrastes vont s'accentuer.

A

B

C

Le conseil de Sandrine

La fabrication de la cire à céruser est difficile, coûteuse et nécessite l'acquisition d'un matériel très spécifique. Je vous conseille donc de l'acheter. Son avantage principal est qu'elle fait à la fois office de céruse et de protection.

A

B

C

D

La cire à céruser sur le bois brut

Si votre bois est joli, sans taches ni auréoles, vous pouvez y appliquer directement la cire à céruser. Si ce n'est pas le cas, il faut réaliser quelques étapes supplémentaires.

fournitures

- de la cire à céruser
- de la teinte pour bois couleur « chêne moyen » ou « chêne foncé »
- de la popote de décrassage couleur « bois clair »
- de la lessive Saint-Marc multi-usages à la résine de pin
- 1 éponge abrasive n° 60 ou n° 80
- 1 seau, 1 éponge
- le petit matériel pour peindre, poncer, lustrer

.1. Décirez parfaitement le support à l'aide de la lessive et de l'éponge abrasive, en insistant énergiquement dans le sens des veines du bois. Le bois doit devenir clair. Si les auréoles ont disparu, passez directement à l'étape 3.

.2. À l'aide de la laine d'acier n° 0 bien imbibée de popote de décrassage, brossez votre support dans le sens des veines du bois, afin de déloger les taches. Essuyez immédiatement le mélange avec le chiffon.

.3. Repassez dans les fibres du bois avec la laine d'acier n° 0 bien imbibée d'eau, afin de faire ressortir les reliefs. Laissez sécher. À ce stade, votre bois va se « hérisser » ; poncez avec du papier de verre n° 000 ou n° 320 pour un toucher « peau de pêche ».

.4. Appliquez généreusement la teinte bois au pinceau. La teinte doit bien imbiber le bois. Laissez sécher ***(A)***.

.5. Imbibez le chiffon de cire à céruser, et appliquez-la sur votre support par petits mouvements circulaires. Insistez, car la cire doit bien pénétrer dans les pores ***(B)***.

.6. Laissez sécher 10 min, puis retirez l'excédent de cire à l'aide d'un chiffon bien tendu légèrement imbibé de cire à patiner incolore, en cercles concentriques. Ne suivez surtout pas les veines du bois pour ne pas retirer la cire blanche incrustée ***(C)***.

.7. Laissez sécher, puis lustrez avec de la laine d'acier n° 000. Les contrastes vont se prononcer davantage ***(D)***.

Le conseil de Sandrine

Pour ne pas que le bois sèche entre chaque étape, travaillez votre meuble panneau par panneau.

La céruse

La céruse est un liquide blanc que l'on dépose dans les veines du bois à l'aide d'un pinceau glycéro. Elle est idéale pour les surfaces susceptibles d'être malmenées, telles que les plans de travail, les parquets ou les escaliers, puisqu'elle peut se protéger au vernis. Tout comme la cire à céruser, la céruse peut s'appliquer à même le bois.

fournitures

- de la peinture acrylique mate
- de la primaire pour céruse
- de la céruse
- de la laine d'acier n° 0, n° 000
- du papier de verre n° 000 ou n° 320
- de la mèche de coton ou un chiffon propre
- 1 spatule
- du white-spirit

.1. Décirez votre support ou partez d'un support brut. Veillez à ce qu'il soit parfaitement dépoussiéré.

.2. Avec la laine d'acier n° 0, brossez-le dans le sens des veines du bois, pour creuser les fibres et faire ressortir les reliefs.
Laissez sécher. À ce stade, votre bois va se « hérisser » ; poncez avec du papier de verre n° 000 ou n° 320 pour un toucher « peau de pêche ».

.3. Dans un pot de confiture, diluez votre peinture acrylique à 40 % dans de l'eau. Autrement dit, mélangez 4 unités d'eau pour 6 unités de peinture. Appliquez-la généreusement : la couleur doit bien imbiber le bois. Laissez sécher, puis brossez de nouveau avec la laine d'acier.

.4. Imbibez la mèche de coton de primaire à céruser, et appliquez-la sur votre support en petits mouvements circulaires. Vous pouvez aussi l'appliquer avec un pinceau acrylique. Laissez sécher 20 min, puis renouvelez l'opération ***(A)***.

.5. Laissez sécher, puis poncez la surface avec du papier de verre n° 000 ou n° 320.

.6. Appliquez généreusement la céruse à l'aide d'un pinceau glycéro, puis raclez l'excédent à l'aide d'une spatule, et laissez sécher 2 h ***(B et C)***.

.7. Essuyez votre support avec un chiffon imbibé de white-spirit. Laissez sécher totalement votre support, puis lustrez-le avec de la laine d'acier n° 000. Les contrastes vont s'accentuer ***(D)***.

A

B

C

D

Le conseil de Sandrine

Vous pouvez teinter la céruse : en mettant 2 gouttes de colorant noir dans le pot de céruse, vous obtiendrez une matière grise qui pourra mettre en valeur un joli plancher blanc.

Comment protéger un plan de travail, un escalier ou un parquet cérusé ?

1. À l'aide d'un spalter, appliquez 2 à 3 couches de fond dur bouche-pores polyuréthane par-dessus la céruse, en respectant bien le temps de séchage. L'application doit être rapide afin de ne pas déloger la céruse, et les outils doivent être nettoyés au white-spirit.
2. À l'aide d'un spalter, appliquez 2 couches de vernis polyuréthane incolore satiné ou mat, en respectant le temps de séchage. Entre chaque couche, poncez le support avec du papier de verre n° 000 ou n° 320.

atelier

La patine double

Au fil des années, les meubles anciens sont repeints et accumulent plusieurs couches de couleurs. Lorsqu'ils s'usent ou qu'ils subissent des chocs, des éclats apparaissent alors çà et là, révélant les couleurs du dessous. La patine double reprend ce même principe.

A

B

Le conseil de Sandrine

Si votre patine double ne vous convient pas au moment du ponçage, ne cirez surtout pas votre meuble. Servez-vous de ce que vous avez réalisé comme d'une étape intermédiaire : plus les couches de couleur s'accumulent, plus le rendu final sera intéressant.

La patine double

La patine double est une patine d'aspect très crayeux à base de blanc de Meudon, simple et peu onéreuse à réaliser.

fournitures

- de la peinture sous-couche
- de la peinture acrylique mate de 2 couleurs différentes
- du blanc de Meudon
- le petit matériel pour poncer et protéger

.1. Décirez votre support ou partez d'un support brut. Veillez à ce qu'il soit parfaitement dépoussiéré.
.2. Appliquez la sous-couche adaptée à votre support (voir p. 12). Laissez sécher.
.3. Préparez votre première couleur (couleur n° 1). Elle doit être assez épaisse pour permettre le ponçage qui donnera l'aspect vieilli ; mélangez 1/3 de blanc de Meudon dilué dans de l'eau jusqu'à l'obtention de la consistance d'une pâte à gaufres, à 2/3 de peinture acrylique blanc mat. Colorez ce mélange selon vos souhaits (voir p. 14).
.4. Appliquez la couleur n° 1 au pinceau sans étirer la peinture, de façon à déposer de la matière.
.5. Pour « isoler » la couleur n° 1 et rendre le ponçage final plus facile, tamponnez avec la mèche de coton légèrement chargée de cire à patiner incolore les endroits où vous voulez faire apparaître les effets vieillis ***(A)***.
.6. Préparez votre seconde couleur (couleur n° 2), puis appliquez-la sur le support.
.7. Une fois la peinture sèche, poncez avec du papier de verre n° 120 : la peinture s'effrite là où vous avez appliqué de la cire ***(B)***.
.8. Protégez le support en appliquant de la cire avec une mèche de coton, sauf sur les surfaces horizontales, qu'il faudra vernir.

Que faire si la couleur n° 1 est une couleur foncée ?

.1. Diluez votre peinture acrylique mate à 20 % dans de l'eau. Autrement dit, mélangez 2 unités d'eau pour 8 volumes de peinture.
.2. Appliquez-la sur votre support brut, à la place de la sous-couche. La couleur va être bue par le bois et faire office de sous-couche.
.3. Poncez le support avec du papier de verre n° 000 ou n° 320, puis passez directement à l'étape 3, ou tamponnez avec la cire.

Comment associer les couleurs de patine double sans faute de goût ?

+ **Choisir une couleur claire et une couleur foncée** afin que vos couleurs tranchent assez pour avoir un joli rendu.
+ **Choisir 2 couleurs d'intensité identique** : 2 couleurs qui ont le même degré de saturation et la même luminosité sont dites de même intensité. Le seul impératif à ne pas oublier est de choisir 2 couleurs opposées sur le cercle chromatique.

Le conseil de Sandrine

Vous pouvez substituer le blanc de Meudon par de l'enduit de lissage. Le toucher sera légèrement plus graniteux, ce qui donnera un petit effet « piqué » à votre patine finale, et accentuera le côté vieilli. Pour un pot de confiture de couleur n° 1, ajoutez 2 cuillères à soupe d'enduit de lissage, et remuez bien le mélange pour qu'il soit homogène.

La patine ardoise

C'est une patine très élégante qui reproduit des effets marbrés noir et blanc. Elle est idéale sur les plateaux de commode ou de buffet, mais on peut aussi en recouvrir entièrement un objet ou un meuble, pour un rendu plus moderne, qui s'insère à merveille dans les univers urbains.

Bien qu'il s'agisse d'une patine double, la différence est que la couleur n° 1 est réalisée à partir d'une base de blanc satin. Le vernis contenu dans le blanc satin imperméabilise légèrement la couleur ; ainsi, lorsque nous appliquerons la couleur n° 2 noire, celle-ci se dépose comme un film, ce qui entraîne l'effet chamarré ardoise.

fournitures

- de la peinture sous-couche
- de la peinture acrylique : blanc satin, noir mat
- le petit matériel pour peindre, protéger, poncer, lustrer

1. Décirez votre support ou partez d'un support brut. Veillez à ce qu'il soit parfaitement dépoussiéré.
2. Appliquez la sous-couche adaptée à votre support (voir p. 12). Laissez sécher, puis poncez le support avec un papier de verre n° 000 ou n° 320 pour un toucher « peau de pêche ».
3. Appliquez la peinture acrylique blanche. Le mouvement du pinceau va déterminer le mouvement de la patine lors du ponçage ; si vous souhaitez créer des effets particuliers, appliquez la couleur n° 1 en croisant les mouvements. Laissez sécher.
4. Pour « isoler » la couleur n° 1 et rendre le ponçage final plus facile, tamponnez avec la mèche de coton légèrement chargée de cire à patiner incolore les endroits où vous voulez faire apparaître les effets vieillis (les arêtes, le plateau, autour des poignées…).
5. Dans un pot de confiture, diluez votre peinture acrylique noire à 20 % dans de l'eau. Autrement dit, mélangez 2 unités d'eau pour 8 unités de peinture. Appliquez-la en étirant bien. Si elle est bien diluée, vous devez obtenir un film translucide noir grisé. Laissez sécher ***(A)***.
6. Poncez le support dans le sens des veines du bois avec du papier de verre n° 80 ou n° 120. Plus le ponçage est long, plus l'effet chamarré noir/blanc est prononcé ***(B)***.
7. Protégez le support en appliquant de la cire avec une mèche de coton, sauf sur les surfaces horizontales, qu'il faudra vernir.

A

B

Le conseil de Sandrine

Pour accentuer l'effet vieilli, vous pouvez aussi utiliser une spatule pour décoller les paquets de paraffine déposés par endroits. Pour un vieillissement très léger, poncez directement sans utiliser le sèche-cheveux.

A

B

La patine à la bougie

Au lieu d'appliquer de la cire à la mèche de coton pour isoler la couleur n° 1 de la couleur n° 2, nous allons utiliser de la paraffine de bougie, que nous frotterons aux endroits à vieillir. Cette technique est intéressante pour donner un effet extrêmement vieilli au support, mais n'est pas vraiment adaptée aux grandes surfaces.

fournitures

- de la peinture sous-couche
- de la peinture acrylique mate de 2 couleurs différentes
- du blanc de Meudon
- le petit matériel pour peindre, protéger, poncer, lustrer

.1. Décirez votre support ou partez d'un support brut. Veillez à ce qu'il soit parfaitement dépoussiéré.
.2. Appliquez la sous-couche adaptée à votre support (voir p. 12). Laissez sécher, puis poncez le support avec du papier de verre n° 000 ou n° 320 pour un toucher « peau de pêche ».
.3. Appliquez la peinture de couleur n° 1.
.4. Faites ramollir votre bougie sur un endroit chaud ou avec un sèche-cheveux. Frottez-la généreusement aux endroits à vieillir (les arêtes, le plateau, autour des poignées...) pour déposer la paraffine ***(A)***.
.5. Préparez votre seconde couleur (couleur n° 2) : mélangez 1 unité de blanc de Meudon dilué dans de l'eau jusqu'à l'obtention de la consistance d'une pâte à gaufres, à 2 unités de peinture acrylique blanc mat. Colorez ce mélange selon vos souhaits (voir p. 14).
.6. Appliquez la couleur au pinceau sans étirer la peinture, de façon à déposer de la matière.
.7. Lorsque votre support est presque sec, passez un sèche-cheveux sur les surfaces patinées afin de ramollir la paraffine. Puis frottez immédiatement avec de la laine d'acier n° 0 ou du papier de verre n° 80 sur les endroits à vieillir ***(B)***.
.8. Protégez le support en appliquant de la cire avec une mèche de coton, sauf sur les surfaces horizontales, qu'il faudra vernir.

Le conseil de Sandrine

Si vous voulez obtenir un effet shabby, multipliez les taches de cire sur votre couleur n°1. L'effet vieilli en sera d'autant plus probant.

Le conseil de Sandrine

Lorsque votre patine a plus de 2 couleurs sous la couleur finale (ici par exemple, il y en a 4), n'utilisez pas de blanc de Meudon pour fabriquer vos couleurs, car cela donnerait un effet « matiéré » très disgracieux.

La patine triple

Le principe de la patine double peut se décliner en une superposition de couleurs infinie. L'astuce est de travailler le support comme un tableau, en appliquant les différentes couleurs de peinture par taches.

fournitures

- de la peinture acrylique mat de différentes couleurs
- de la cire à patiner incolore
- de la mèche de coton
- du papier de verre n° 80 ou n° 120
- 1 pinceau acrylique

.1. Décirez votre support ou partez d'un support brut. Veillez à ce qu'il soit parfaitement dépoussiéré.
.2. Appliquez la sous-couche adaptée à votre support (voir p. 12). Laissez sécher, puis poncez le support avec du papier de verre n° 000 ou n° 320 pour un toucher « peau de pêche ».
.3. Peignez des taches de différentes couleurs sur le support en suivant le sens des veines du bois, en essayant d'être ni symétrique ni logique. Laissez sécher.
.4. Tamponnez le support avec une mèche de coton légèrement imbibée de cire à patiner incolore ***(A)***.
.5. Recouvrez la totalité du support avec la couleur n° 2 (ici, du lin clair). Laissez sécher, puis poncez avec du papier de verre n° 80 ***(B)***.
.6. Protégez le support en appliquant de la cire avec une mèche de coton, sauf sur les surfaces horizontales, qu'il faudra vernir.

Le conseil de Sandrine

Pour obtenir un effet très vieilli, recouvrez la totalité du support des différentes couleurs du dessous, puis appliquez de la cire à patiner incolore partout.

A

B

atelier 9

Le glacis

Le glacis est un mélange translucide et légèrement teinté, qui sert à nuancer et à approfondir une couleur initiale. Très simple à réaliser avec de la cire ou du vernis, il a un ravissant rendu poudré.

Traditionnellement, le glacis doit suivre une recette précise : il s'agit d'un mélange d'essence de térébenthine, d'huile de lin, de siccatif et de peinture artistique à l'huile. Il doit s'appliquer avec un pinceau appelé « queue à battre ». C'est un mélange compliqué à réussir.
Les glacis que je vous propose sont bien plus simples : ils se réalisent uniquement avec de la cire ou avec du vernis.

Quelques remarques avant de se lancer dans la réalisation du glacis :

+ il est possible de faire un glacis sur n'importe quelle couleur de base. Plus la couleur est claire, plus le glacis sera visible ; plus la couleur est foncée, moins il apparaîtra ;
+ pour fabriquer un glacis de manière simple, utilisez un seul pigment. Sachez toutefois que l'on peut réaliser des couleurs de glacis en mélangeant plusieurs pigments ;
+ il est possible d'utiliser n'importe quel pigment pour réaliser le glacis. Pour faire votre choix, partez du principe que le pigment choisi agira comme un voile coloré ;
+ si vous craignez de vous tromper dans le choix de la couleur, respectez la règle d'or suivante : choisissez un pigment qui soit la principale composante de votre couleur ;
+ pour « réchauffer » une couleur, ajoutez du pigment terre pourrie, pour la « refroidir », du pigment ocre gris.

Le glacis à la cire

fournitures

- de la peinture sous-couche
- de la peinture acrylique mate de la couleur désirée
- de la cire à patiner incolore
- du pigment
- de la mèche de coton
- de la laine d'acier n° 000
- 1 pinceau glycéro, 1 pinceau acrylique

.1. Décirez votre support ou partez d'un support brut. Veillez à ce qu'il soit parfaitement dépoussiéré.
.2. Appliquez la sous-couche adaptée à votre support (voir p. 12). Laissez sécher.
.3. Appliquez une couche de peinture de la couleur de base désirée, sans étirer la peinture, mais sans laisser de paquet. Veillez à bien recouvrir tout le meuble et ne cherchez pas à faire d'effets de matière. Si nécessaire, répétez l'opération une seconde fois dès que la première couche est sèche pour que la couleur soit bien intense.
.4. Dans un petit ramequin, préparez votre glacis : mélangez 1/4 de cuillère à café de pigment avec 2 cuillères à soupe de cire.
.5. Étalez le glacis au pinceau glycéro en étirant bien, et en suivant le sens des veines du bois (même si, à ce stade, vous ne les voyez plus puisqu'elles sont recouvertes de peinture). Faites bien pénétrer la cire dans les aspérités et les moulures ***(A)***.
Attention, il faut que vous soyez très rapide, car la cire sèche très vite : après 15 min, si vous n'êtes pas satisfait du résultat, enlevez tout au white-spirit et recommencez.
.6. Avec la mèche de coton, essuyez le trop-plein de cire afin de créer des nuances : les parties bombées doivent être essuyées, tandis que les creux doivent garder un maximum de cire pigmentée.
.7. Laissez sécher pendant une demi-journée, puis lustrez avec une mèche de coton sèche si vous souhaitez un rendu mat. Pour un rendu satiné, voire brillant, lustrez votre meuble avec de la laine d'acier n° 000.

Couleur de départ
Couleur de départ + glacis ocre jaune
Couleur de départ + glacis terre pourrie
Couleur de départ + glacis ombre naturelle
Couleur de départ + glacis ocre gris
Couleur de départ + cire à patiner chêne moyen
Bois naturel
Gris perle
Taupe
Lin
Blanc
Ocre jaune
Tilleul

Le conseil de Sandrine

L'effet de matière peut être un parti pris si vous souhaitez donner un côté sculptural à votre support. La cire va alors bien s'accumuler dans les rainures du pinceau et ajouter davantage de volume. Pour obtenir ce type de rendu, fabriquez une couleur à base de blanc de Meudon (voir patine double, p. 26).

La patine à l'anglaise

C'est une variante du glacis à la cire, qui consiste à utiliser une cire teintée couleur bois (noyer, chêne clair, chêne moyen ou chêne foncé) en guise de glacis.
Si les possibilités sont plus limitées qu'avec les pigments, la patine à l'anglaise permet d'obtenir de jolies nuances d'ivoire ou de marron à partir d'une base blanche.

fournitures

- de la peinture sous-couche
- de la peinture acrylique mate de la couleur désirée
- de la cire à patiner teinte bois
- de la mèche de coton
- de la laine d'acier n° 000
- 1 pinceau glycéro, 1 pinceau acrylique

.1. Décirez votre support ou partez d'un support brut. Veillez à ce qu'il soit parfaitement dépoussiéré.
.2. Appliquez la sous-couche adaptée à votre support (voir p. 12). Laissez sécher.
.3. Appliquez une couche de peinture de la couleur de base désirée, sans étirer la peinture, mais sans laisser de paquet.
Si nécessaire, répétez l'opération une seconde fois dès que la première couche est sèche pour que la couleur soit bien intense.
.4. Étalez la cire au pinceau glycéro en étirant bien et en suivant le sens des veines du bois. Faites bien pénétrer la cire dans les aspérités et les moulures ***(A)***.
.5. Avec la mèche de coton, essuyez le trop-plein de cire afin de créer des nuances : les parties bombées doivent être essuyées, tandis que les creux doivent garder un maximum de cire pigmentée.
.6. Laissez sécher pendant une demi-journée, puis lustrez avec une mèche de coton sèche si vous souhaitez un rendu mat. Pour un rendu satiné, voire brillant, lustrez votre meuble avec de la laine d'acier n° 000 ***(B)***.

Le conseil de Sandrine

Si la teinte « marronnée » de la cire est trop présente et que vous souhaitez que l'effet vieilli soit plus léger, diluez votre cire à patiner à 30 % dans du white spirit (soit 3 unités de white-spirit pour 7 unités de cire), et appliquez ensuite ce mélange au pinceau glycéro sur votre support.

Le conseil de Sandrine

Vous pouvez accumuler autant de couches de vernis que vous le souhaitez. Le rendu final sera de plus en plus foncé, et de plus en plus proche de la couleur du pigment.
Votre support en sera aussi davantage protégé.

Le glacis au vernis

Le glacis au vernis est plus difficile à travailler et offre moins de nuances que le glacis à la cire. C'est néanmoins cette méthode qu'il faudra appliquer sur toutes les surfaces horizontales susceptibles d'être malmenées, là où un glacis à la cire risquerait de s'atténuer à force de nettoyages.

fournitures

- de la peinture sous-couche
- de la peinture acrylique mate de la couleur désirée
- du pigment de la couleur désirée
- du vernis acrylique mat ou satiné
- du papier de verre n° 000 ou n° 320
- de la laine d'acier n° 000
- 1 spalter

.1. Décirez votre support ou partez d'un support brut. Veillez à ce qu'il soit parfaitement dépoussiéré.
.2. Appliquez la sous-couche adaptée à votre support (voir p. 12). Laissez sécher.
.3. Appliquez une couche de peinture de la couleur de base désirée, sans étirer la peinture, mais sans laisser de paquet. Veillez à bien recouvrir tout le meuble et ne cherchez pas à faire d'effets de matière. Si nécessaire, répétez l'opération une seconde fois dès que la première couche est sèche pour que la couleur soit bien intense.
.4. Avec un spalter, passez une première couche de vernis « à blanc », c'est-à-dire non pigmenté. Cette fine pellicule de vernis va rendre le support moins perméable et faciliter l'application d'une seconde couche.
.5. Laissez sécher 1 heure, puis poncez avec du papier de verre n° 000 ou n° 320 pour lui donner un toucher « peau de pêche » et enlever toutes les poussières.
.6. Passez une seconde couche de vernis légèrement pigmenté cette fois (1/4 de cuillère à café de pigment dans un verre de vernis). Vous n'avez pas le droit à l'erreur, car le vernis sèche très vite. Autorisez-vous 3 à 4 passages au spalter au même endroit, pas un de plus **(A)**.
.7. Laissez sécher, puis poncez de nouveau avec du papier de verre n° 000 ou n° 320 pour enlever toutes les poussières et pour bien faire accrocher la future couche de cire.
.8. Pour être certain que le support soit parfaitement protégé, appliquez de la cire sur tout le plateau avec un chiffon. Laissez sécher une demi-heure, puis lustrez avec de la laine d'acier n° 000.

A

Le conseil de Sandrine

Si votre pot de vernis est neuf, diluez-le à 10 % avec de l'eau, afin que le vernis ne soit pas trop épais.

atelier 10

La patine teinte bois

Les univers ethniques indiens marient très souvent les meubles patinés aux meubles teinte bois. Voici la marche à suivre pour réaliser une teinte bois à partir d'un bois brut et retrouver ainsi les teintes chaudes des meubles de nos grands-mères.

A

B

Le conseil de Sandrine

Pensez à mélanger la patine colorée et la patine teinte bois sur un même meuble. Ainsi, une commode sera ravissante avec un plateau bois et un corps patiné avec un glacis ivoire, par exemple.

fournitures

- de la teinte pour bois à l'eau
- de la cire à patiner teinte bois
- de la laine d'acier n° 000
- du papier de verre n° 000 ou n° 320
- de la mèche de coton ou 1 chiffon
- 1 pinceau glycéro, 1 pinceau acrylique

.1. Décirez votre support ou partez d'un support brut. Veillez à ce qu'il soit parfaitement dépoussiéré.
.2. Avec un pinceau acrylique, appliquez la teinte pour bois sur tout le support, en respectant le sens des veines du bois. Étirez bien la matière afin de ne pas laisser d'auréoles foncées. Laissez sécher. À ce stade, votre bois va se « hérisser » ; poncez avec du papier de verre n° 000 ou n° 320 pour un toucher « peau de pêche ».
.3. Avec un pinceau glycéro, appliquez la cire à patiner sur tout le support *(A)*.
.4. Avec la mèche de coton ou un chiffon, essuyez un peu la cire sur les parties bombées, afin de créer du volume et des contrastes. Laissez sécher une demi-journée.
.5. Lustrez énergiquement avec la laine d'acier n° 000 afin d'accentuer ces contrastes *(B)*.

Que faire si le bois du meuble n'est pas en bon état ?

La patine teinte bois ne masque pas les auréoles ou les taches déjà existantes. Si vous souhaitez réaliser une teinte bois à partir d'un meuble ancien dont la surface est abîmée, vous pouvez essayer d'éliminer les taches et les imperfections avec de la « popote de décrassage bois clair » : brossez le support dans le sens des veines du bois avec de la laine d'acier n° 0 bien imbibée de « popote de décrassage », afin de déloger les taches, puis essuyez immédiatement le mélange au chiffon.

Le conseil de Sandrine

Il existe 4 couleurs de cire à patiner teinte bois : noyer, chêne clair, chêne moyen ou chêne foncé. Pour que la patine teinte bois soit vraiment réussie, essayez de choisir une cire qui soit un ou deux tons plus foncés que la teinte pour bois. Par exemple, si vous choisissez une teinte pour bois « chêne clair », prenez une cire à patiner teintée « chêne moyen » ou « chêne foncé ».

atelier 13

Pochoirs et transferts

Les pochoirs et les transferts sont un moyen d'égayer un objet monotone. À plat ou en relief, sachez l'utiliser avec parcimonie, afin de ne pas charger inutilement votre réalisation.

Le pochoir plat

Il existe une grande quantité de pochoirs prêts à l'emploi dans le commerce, sur des thèmes très variés. Cependant, bien que ce soit tendance, il existe peu de pochoirs typographiques – et ceux-ci présentent plusieurs inconvénients : les mots sont trop standards et la police est rarement originale. C'est dans ce cas précis qu'il est intéressant de fabriquer son propre pochoir.

La fabrication du pochoir

fournitures

- 1 feuille plastifiée épaisse (radiographie, pochette plastifiée...)
- 1 cutter, 1 planche de découpe
- 1 stylo à bille

.1. Écrivez le mot ou la phrase désiré dans un logiciel de traitement de texte en adaptant la taille des lettres à celle de l'objet, puis imprimez.
.2. Avec un stylo à bille, décalquez le texte par transparence sur la feuille plastifiée.
.3. Découpez les lettres à l'aide du cutter, en plaçant la feuille plastifiée sur la planche de découpe. Travaillez toujours en tirant le cutter vers vous. Pour découper les angles, tournez la feuille et non le cutter.
.4. Évidez l'intérieur de chaque lettre.
Le pochoir est prêt.

L'application de la peinture

Le pochoir doit être peint sur le support avant toute application de cire ou de vernis. Il doit simplement avoir reçu la sous-couche (si nécessaire), ainsi que les 2 couches de peinture.

fournitures

- 1 pochoir
- 1 brosse à pocher
- de la peinture acrylique mate de la couleur désirée
- du ruban adhésif repositionnable

.1. Si nécessaire, occultez les parties du pochoir que vous ne voulez pas utiliser avec du ruban adhésif repositionnable. Placez le pochoir et fixez-le aux extrémités avec du ruban adhésif repositionnable.
.2. Chargez la brosse à pocher d'une petite quantité de peinture, en essuyant le surplus. La brosse doit être quasi « sèche » pour éviter que la peinture ne passe sous le pochoir. Tenez la brosse à la verticale et tamponnez tout le pochoir par petits mouvements secs ***(A)***.
.3. Décollez délicatement le pochoir, puis laissez sécher.
.4. Protégez le motif au vernis ou à la cire, comme indiqué dans la technique de patine que vous avez choisie.

A

Pour obtenir un joli dégradé, commencez toujours par peindre la couleur la plus claire, puis appliquez la peinture plus foncée en chevauchant la couleur précédente.

Superposer 2 couleurs de teintes différentes permet de créer une impression de relief. Appliquez la couleur foncée sur le pochoir, laissez sécher, puis décollez délicatement le pochoir, décalez-le d'environ 1 mm et repositionnez-le avec du ruban adhésif. Appliquez la seconde couleur, décollez délicatement le pochoir et laissez sécher.

Le conseil de Sandrine

Pour mettre en valeur le pochoir en relief dans des nuances douces, vous pouvez utilisez la technique du badigeon essuyé (voir p. 36).

A

B

C

Vous pouvez mettre le pochoir en valeur avec de la cire. Chargez un pinceau glycéro de cire dorée, argentée, ou de cire à céruser, essuyez-le de façon qu'il reste très peu de cire dessus, puis brossez délicatement la moulure en relief dans un sens, puis dans l'autre *(C)*.

Le pochoir en relief

Réaliser un pochoir en relief est une manière simple d'apporter du volume à un meuble trop linéaire. Cela donnera l'illusion que la moulure a été sculptée à même le bois.

fournitures

- 1 pochoir 3D de 1 mm de hauteur
- du blanc de Meudon
- de la peinture sous-couche
- de la peinture acrylique blanc mat
- du ruban adhésif repositionnable
- 1 spatule

La fabrication de l'enduit

.1. Dans une assiette creuse, mettez 6 cuillères à soupe de blanc de Meudon. Ajoutez de l'eau sans cesser de remuer, jusqu'à obtenir une pâte très épaisse.

.2. Malaxez le temps nécessaire avec la cuillère jusqu'à ce que le mélange soit parfaitement homogène.

.3. Ajoutez 1 ou 2 cuillères à soupe de peinture acrylique blanche, afin que le mélange ait la consistance d'un enduit de rebouchage.

L'application de la peinture

.1. Si nécessaire, basculez le meuble de façon que la partie où le pochoir sera appliqué se retrouve à l'horizontale. Préparez votre support en appliquant de la sous-couche tous supports. Laissez sécher.

.2. Si nécessaire, occultez les parties du pochoir que vous ne voulez pas utiliser avec du ruban adhésif repositionnable.
Placez le pochoir et fixez-le aux extrémités avec du ruban adhésif repositionnable.

.3. À l'aide de la spatule, étalez généreusement l'enduit. Raclez immédiatement le pochoir avec la spatule afin d'enlever tout le surplus *(A)*.

.4. Retirez le pochoir délicatement et laissez sécher une demi-journée *(B)*.

Le conseil de Sandrine

Si vous n'avez pas de blanc de Meudon, vous pouvez utiliser de l'enduit de rebouchage ou de lissage, en mélangeant 2 cuillères à soupe d'enduit avec 4 cuillères à soupe de peinture acrylique blanc mat.

Le conseil de Sandrine
Si vous ne souhaitez pas investir dans de l'acétone ou dans du trichloréthylène, vous pouvez utiliser du dissolvant pour vernis à ongles, qui contient de l'acétone.

Le transfert

Si vous souhaitez reproduire un motif compliqué, plutôt que de réaliser un pochoir, choisissez la solution du transfert, qui doit être appliqué sur le support avant toute protection avec de la cire ou du vernis.

fournitures

- du ruban adhésif repositionnable
- de l'acétone ou du trichloréthylène
- 1 chiffon propre

A

B

.1. Photocopiez ou imprimez le motif choisi sur une imprimante à jet d'encre (en impression miroir). Pensez à agrandir ou à réduire le motif à la photocopie afin de l'adapter à la taille du support.
.2. Posez la photocopie sur le support, motif contre le support, et fixez-la avec du ruban adhésif repositionnable.
.3. Imbibez généreusement un chiffon d'acétone ou de trichloréthylène, puis frottez en cercles concentriques sur le dessin photocopié.

Repassez plusieurs fois : la photocopie doit être bien imprégnée, de façon que l'encre contenue dans la feuille se dissolve et se transfère sur le support ***(A)***.
.4. Enlevez délicatement la photocopie et laissez sécher ***(B)***.
.5. Si vous souhaitez coloriser le dessin, peignez-le avec de la peinture acrylique ou à l'huile, puis laissez sécher une demi-journée.
.6. Protégez le support avec du vernis acrylique mat. Évitez la cire, car cela ferait fondre le transfert.

atelier 14

Le vernis craquelé

Très en vogue au XVIIIe siècle, la finition craquelée permet d'apporter un cachet ancien aux objets. Les vernis craquelés s'utilisent sur tous les supports : le bois, le papier, la porcelaine, le grès, la faïence, le plâtre, la terre cuite…

A

B

C

Pour réaliser une finition en vernis craquelé, il est important de respecter 2 règles de base : ne jamais travailler dans un lieu froid et humide, et toujours choisir 2 couleurs contrastées.

fournitures

- de la peinture sous-couche
- de la peinture acrylique mate de 2 couleurs différentes
- de la primaire à craqueler
- du vernis craquelé
- du colorant universel pour teindre le vernis
- du papier de verre n° 000 ou n° 320
- 1 pinceau acrylique

.1. Décirez votre support ou partez d'un support brut. Veillez à ce qu'il soit parfaitement dépoussiéré.

.2. Appliquez la sous-couche adaptée à votre support (voir p. 12). Laissez sécher.

.3. Appliquez une couche de peinture de couleur n° 1. Laissez sécher, puis répétez l'opération pour obtenir une couleur plus intense et plus solide.

.4. Poncez avec du papier de verre n° 000 ou n° 320, afin de préparer le support à recevoir la sous-couche à craqueler.

.5. Appliquez la primaire à craqueler sur la surface en étirant bien et en croisant les mouvements ***(A)***.

.6. Laissez sécher une demi-heure. La primaire va devenir transparente et poisseuse. Colorez le vernis à craqueler avec le colorant ; ici, j'ai mis 3 cuillères à café de colorant rouge dans le pot de vernis.

.7. Appliquez le vernis sur le support au pinceau en respectant le sens des veines du bois. Les craquelures vont apparaître au bout d'une demi-heure ***(B et C)***.

Le conseil de Sandrine

Si vous souhaitez obtenir des craquelures accentuées et espacées, appliquez une couche épaisse de vernis craquelé ***(C, partie gauche)***; si vous appliquez une couche mince, les craquelures seront fines et nombreuses. Pour obtenir un réseau dense de minuscules craquelures, appliquez la primaire en alternant une couche verticale et une couche horizontale ***(C, partie droite)***.

atelier 15

Protéger la patine

En fonction de la patine choisie et de l'utilisation souhaitée, vous devrez protéger le support contre les rayures ou l'environnement extérieur. Les patines à base de cire sont déjà protégées par la cire, il est donc inutile d'ajouter une nouvelle protection.

Le vernis

Il possède 2 qualités essentielles qui sont la protection contre les rayures et la protection contre les usages intensifs.
Il est donc l'ingrédient indispensable pour protéger toutes les surfaces horizontales susceptibles d'être malmenées, telles que les plateaux, les étagères, les plans de travail...

Quel type de vernis choisir ?

+ Pour toutes les patines d'intérieur (sauf les meubles de salle de bains et de cuisine), optez pour un vernis incolore acrylique mat, qui n'altérera pas les jolis effets de la patine. Il doit toujours être dilué à 10 % avant la première utilisation. En séchant, il devient translucide.
+ Pour les meubles de salle de bains ou de cuisine, optez pour un vernis acrylique satin incolore haute résistance ou un vernis polyuréthane, à appliquer en 2 ou 3 couches.
+ Pour les parquets ou les escaliers, utilisez un vernis vitrificateur incolore ou un vernis aspect bois ciré incolore.
  Passez 2 ou 3 couches en prenant soin de poncer avec du papier de verre n° 000 ou n° 320 entre chaque couche.
+ Pour l'extérieur : appliquez un vernis d'extérieur mat ou satiné en 2 ou 3 couches. Il existe 2 sortes de vernis d'extérieur : le vernis acrylique et le vernis polyuréthane (plus résistant).

La protection contre les rayures

fournitures

- du vernis acrylique mat ou satin
- de la cire à patiner incolore
- de la laine d'acier n° 000
- du papier de verre n° 000 ou n° 320
- 1 spalter

.1. Appliquez une couche de vernis acrylique avec un spalter. Si le pot de vernis est neuf, diluez-le à 10 % avec de l'eau, afin que le vernis ne soit pas trop épais. Autrement dit, mélangez 1 unité d'eau à 9 unités de peinture.
.2. Laissez sécher 1 h, puis poncez avec du papier de verre n° 000 ou n° 320 pour donner au support un toucher « peau de pêche » et pour enlever toutes les poussières.
.3. Recommencez l'opération avec une seconde couche de vernis. Laissez sécher, puis poncez de nouveau.

La protection contre l'humidité

Pour les meubles de la cuisine, de la salle de bains ou du jardin, protégez votre patine en appliquant 2 ou 3 couches de vernis polyuréthane.

La cire

La protection contre les taches

Tous les vernis acryliques mats ne protègent pas efficacement contre les taches. Si vous voulez être certain de protéger votre support correctement, utilisez de la cire.

.1. Appliquez de la cire à patiner avec la mèche de coton. Laissez sécher une demi-heure.
.2. Lustrez avec de la laine d'acier n° 000 pour obtenir un aspect brillant.

Comment enlever une tache ou une auréole ?

L'entretien d'un meuble patiné est très facile : en cas de tache, d'auréole de café, de trace de chaussure etc., appliquez un peu de cire à patiner incolore avec un chiffon, directement sur la tache. Laissez fondre la tache pendant 1 min, puis lustrez au chiffon. La nouvelle cire déposée va remplacer l'ancienne cire tachée.

II

Campagne chic

À la fois authentique et chaleureux, ce style s'inscrit dans un esprit de nostalgie des anciennes maisons de famille et privilégie les matières naturelles, les teintes claires et les meubles chinés.

Applique murale ***

Une palette de chantier transformée en une magnifique applique murale, dans la plus pure tradition « campagne chic ».

fournitures

- de la sous-couche
- de la peinture acrylique mate : blanc, taupe
- du blanc de Meudon
- des colorants : ombre naturelle, noir, ocre jaune, ombre calcinée
- de la cire à céruser ou de la cire à blanchir
- 1 crayon à papier gras (2B), 1 ficelle de 30 cm de long
- ½ palette de chantier de 64 x 90 cm
- 1 scie à bois
- 1 ou 2 longues baguettes d'encadrement de 5 x 1,5 cm (longueur totale nécessaire : 288 cm)
- des clous, 1 marteau
- 1 perceuse, 1 foret à bois de diamètre n° 8
- 1 piton, 2 attaches
- le petit matériel pour peindre, protéger, poncer, lustrer

Le conseil de Sandrine

Le rendu final de l'applique sera plus joli si vous choisissez une palette pleine, où l'on ne voit presque pas de jour entre les planches. Si vous ne trouvez pas de palette, inspirez-vous du montage de planches de chantier décrit dans la réalisation de la tête de lit, p. 56.

1 Le support

La préparation de la palette

.1. Sciez une planche à ras dans la largeur, afin d'obtenir un support de 54 x 90 cm.

.2. Arrachez les « pieds » de la palette, afin de limiter au maximum la hauteur du support. Veillez à ne pas laisser de clous qui pourraient vous blesser.

La préparation du support

.1. Préparez un jus lin rosé clair : dans 1/2 pot de confiture de peinture blanche, ajoutez 3 gouttes d'ombre naturelle, 3 gouttes d'ombre calcinée et 1 goutte d'ocre jaune au blanc mat. Diluez cette couleur à 30 % dans de l'eau, autrement dit mélangez 3 unités d'eau pour 7 unités de peinture.

.2. Appliquez le jus au recto de la palette avec un pinceau acrylique. Faites-le bien pénétrer dans les interstices du bois avec un pinceau à rechampi. Vous ne devez pas avoir de difficultés à l'appliquer, le jus doit être bu immédiatement. Si ce n'est pas le cas, diluez-le encore un peu afin qu'il soit bien liquide. Laissez sécher.

.3. Poncez énergiquement la palette dans le sens du bois avec du papier de verre n° 80 pour enlever les échardes et assouplir les veines du bois. Veillez toutefois à conserver un aspect rugueux là où les veines sont bien apparentes.

.4. Appliquez une seconde couche de jus. Laissez sécher.

.5. Dessinez l'arrondi du dessus : attachez une ficelle à un crayon à papier. Elle doit avoir une longueur finale de 19 cm. Placez l'extrémité de la ficelle au centre du panneau (soit à 27 cm du bord et à 24,5 cm du haut). Tracez un demi-cercle avec votre crayon à papier attaché à la ficelle.

.6. Tracez au crayon à papier les contours du motif extérieur du trompe-l'œil, en vous inspirant du dessin ci-joint.

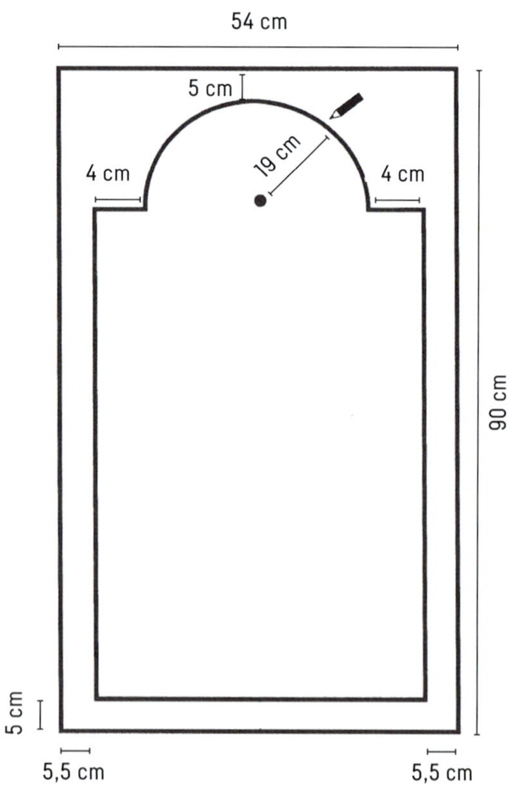

A

B

C

D

Le conseil de Sandrine

Le support n'est pas protégé, car cela lui permet de conserver un aspect brut et mat intéressant. Si vous souhaitez tout de même le protéger, appliquez une couche de vernis acrylique mat au spalter sur le recto de la palette.

La pose du badigeon essuyé

.1. Préparez un jus taupe foncé : dans 1/2 pot de confiture de peinture blanche, ajoutez 6 gouttes d'ombre naturelle, 4 gouttes d'ombre calcinée, 6 gouttes de noir, 5 gouttes d'ocre jaune. Pour obtenir de jolis contrastes, la teinte doit être bien foncée. Diluez la peinture obtenue à 20 %, autrement dit mélangez 2 unités d'eau pour 8 unités de peinture.

.2. Appliquez généreusement ce jus au pinceau à l'intérieur de l'encadrement. Veillez à ce qu'il pénètre bien dans toutes les aspérités du bois.

.3. Pendant que la peinture est encore fraîche, essuyez de manière irrégulière l'excédent de taupe foncé à l'aide d'une éponge humide. Les contrastes vont apparaître.
Laissez sécher ***(A)***.

.4. Pour donner du relief au badigeon et pour vieillir le support, fabriquez une matière blanche : à la manière d'un fond de sauce, mélangez 1 cuillère à soupe de peinture acrylique blanc mat, 7 cuillères à soupe d'eau et 3 cuillères à soupe de blanc de Meudon. Versez le mélange obtenu dans un petit pot de confiture, complétez avec de la peinture acrylique blanche, puis remuez.

.5. À l'aide du pinceau à badigeon bien essuyé, brossez tout le support avec de la matière blanche, en travaillant de manière verticale et anarchique. Celle-ci va se déposer sur toutes les parties veinées et hérissées ***(B)***.

La peinture de l'encadrement

Pour imiter les baguettes d'encadrement, peignez au pinceau fin une ligne d'environ 1 cm de large sur tout le contour de l'encadrement. Choisissez une couleur plus foncée que le taupe déjà utilisé en y ajoutant un peu de colorant noir ***(C)***.

L'encadrement de la palette

.1. Sciez les baguettes d'encadrement de façon à obtenir 2 baguettes de 54,5 cm de long et 2 baguettes de 92,5 cm de long. Poncez les angles avec du papier de verre n° 80 afin qu'ils soient bien nets.

.2. Peignez le recto et le verso de chaque baguette en taupe gris : reprenez le taupe foncé du badigeon, et ajoutez-y 1 goutte d'ocre jaune et 2 gouttes de noir. Laissez sécher, puis poncez avec du papier de verre n° 320 pour un toucher « peau de pêche ». Si vous souhaitez que la teinte soit plus intense, appliquez une seconde couche. Laissez sécher.

.3. Avec de petits clous, clouez les plus petites baguettes en haut et en bas de la palette. Clouez ensuite les 2 grandes baguettes sur les côtés.

2 L'applique

La patine

.1. Appliquez la primaire d'accroche ou la sous-couche sur l'applique, puis laissez sécher.
.2. Préparez de la peinture couleur coquille d'œuf : mélangez un fond de pot de confiture de peinture acrylique mate blanche, 1 goutte d'ocre jaune et 1 goutte d'ombre naturelle. Appliquez 1 ou 2 couches.
.3. Pour accentuer les reliefs de l'applique, passez un peu de cire à céruser dessus avec le bout du doigt ***(D)***.

L'assemblage

.1. Inscrivez un point au crayon gris pour matérialiser le centre de la palette. Positionnez l'applique afin de repérer l'emplacement pour le trou des fils électriques et du piton de fixation.
.2. Percez le trou pour passer les fils avec un foret à bois de diamètre n° 8. Accrochez le piton de fixation et fixez l'applique dessus.
.3. Accrochez 2 attaches au dos de la palette pour pouvoir la fixer au mur.
.4. Câblez l'électricité : utilisez le courant de votre mur ou un fil électrique externe avec une prise et un interrupteur.

création

Cagettes à rangement *

Faites entrer la poésie des vacances à la campagne dans votre maison en ramenant des cagettes à fruits. Une fois patinées, voilà des boîtes bien pratiques pour rassembler vos projets à venir...

fournitures

pour la cagette grise

- du pigment gris ou ocre gris
- de la cire à patiner incolore
- le petit matériel pour peindre, protéger, poncer, lustrer

pour la cagette blanche

- de la cire à céruser ou de la cire à blanchir
- de la laine d'acier n° 000
- 1 chiffon

pour le petit écriteau

- des morceaux d'ardoise ou de bois aux dimensions souhaitées
- de la colle forte
- du raphia
- de la peinture acrylique blanc mat
- du papier-calque
- 1 pinceau fin

A

1 La cagette grise

.1. Décirez votre support ou partez d'un support brut. Veillez à ce qu'il soit parfaitement dépoussiéré.

.2. Préparez un glacis à l'eau gris : dans un pot de confiture, mélangez 2 cuillères à café de pigment gris avec 1/2 pot d'eau. Fermez le couvercle et agitez énergiquement afin de bien mélanger les pigments.

.3. Appliquez le glacis avec un pinceau acrylique. Le bois va immédiatement boire le glacis et prendre une teinte gris fumé. Laissez sécher **(A)**.

.4. Poncez le support avec du papier de verre n° 320, afin d'obtenir un toucher « peau de pêche ».

.5. Préparez la cire pigmentée : dans un pot de confiture, mélangez 2 cuillères à soupe de cire à patiner incolore et 1 cuillère à café de pigment gris. Appliquez-la sur tout le support avec un pinceau glycéro (excepté là où vous souhaitez fixer votre écriteau), puis laissez sécher.

.6. Pour obtenir un aspect velouté voire brillant, lustrez le support avec de la laine d'acier n° 000.

2 La cagette noire

Le noir charbonneux de cette cagette est obtenu à partir d'une patine Napoléon III. Pour la réaliser, reportez-vous au pas à pas de la page 90.

3 La cagette blanche

L'idée est de blanchir en profondeur le support tout en respectant le grain du bois, de manière à deviner le bois par transparence. Cette technique peut être utilisée sur des supports que l'on veut blanchir rapidement, mais n'est pas adaptée aux objets ou aux surfaces souvent sollicités.

.1. Décirez votre support ou partez d'un support brut. Veillez à ce qu'il soit parfaitement dépoussiéré.

.2. Appliquez la cire à céruser au chiffon, en frottant bien de manière à faire pénétrer la cire. Laissez sécher.

4 Le petit écriteau

.1. Écrivez le mot ou la phrase désiré dans un logiciel de traitement de texte en adaptant la taille des lettres à celle de l'objet, puis imprimez. Décalquez le texte.

.2. Diluez un peu de peinture blanche à 30 %, autrement dit mélangez 3 volumes d'eau pour 7 volumes de peinture. Repassez le texte sur l'envers du papier-calque à la peinture blanche, avec un pinceau fin.

.3. Reportez le papier-calque sur l'écriteau et appuyez bien fort. Soulevez le calque.

.4. Repassez sur le texte avec le pinceau fin chargé de peinture blanche non diluée. Laissez sécher.

.5. Collez l'écriteau sur la cagette avec de la colle forte. Si nécessaire, ajoutez des morceaux de raphia de chaque côté.

laine
récup'
tissus

création

L'œil-de-bœuf ***

L'effet zingué est une technique de patine qui consiste à donner des coups de pinceau de plus en plus légers avec une peinture de plus en plus épaisse au fil des couches. À la fois moderne et raffiné, cet œil-de-bœuf s'intègre à tous les univers.

fournitures

- de la sous-couche
- de la peinture acrylique mate : blanc, noir
- du blanc de Meudon
- de la cire à patiner incolore
- du papier-calque, 1 crayon à papier gras
- 1 plaque de médium de 1,5 cm d'épaisseur
- de la toile de lin
- le petit matériel pour peindre, protéger, poncer, lustrer

A

B

1 Le miroir

.1. Décirez votre support ou partez d'un support brut. Veillez à ce qu'il soit parfaitement dépoussiéré.

.2. Si vous partez d'un meuble brut, appliquez une couche de peinture noire diluée à 20 %. Autrement dit, mélangez 2 unités d'eau à 8 unités de peinture. Si vous partez d'un meuble ancien, appliquez une sous-couche tous supports, puis une couche de peinture noire diluée. Laissez sécher.

.3. Exceptionnellement, ne poncez pas l'éventuel effet « hérissé » que votre bois va produire, car il va vous être utile par la suite (sauf s'il apparaît des picots trop pointus).

.4. Tamponnez le miroir avec une boule de mèche de coton légèrement imbibée de cire, de manière à y déposer une « réserve » là où le noir devra réapparaître lors du ponçage.

.5. Préparez la couleur gris orage : dans un petit pot de confiture, mélangez 2/3 de peinture noire et 1/3 de peinture blanche. Appliquez une couche de gris orage au pinceau acrylique sur tout le miroir, puis laissez sécher.

Le conseil de Sandrine

La taille de l'œil-de-bœuf dépendra de celle du miroir dont vous disposez. En général, le tableau prend en moyenne 2 à 2,5 fois plus de place que le miroir.

.6. Avec du papier de verre n° 120 (ou n° 80 pour un effet très vieilli) poncez tout le support, afin de faire ressortir le noir ***(A)***.

.7. Préparez la matière blanche : à la manière d'un fond de sauce, mélangez 1 cuillère à soupe de peinture blanche, 7 cuillères à soupe d'eau et 3 cuillères à soupe de blanc de Meudon. Versez le mélange obtenu dans l'équivalent d'1/4 de pot de confiture de peinture blanche et remuez.

.8. Brossez la matière blanche sur le support avec une brosse à badigeon : votre brosse doit être quasi sèche, de façon à laisser très peu de matière. Privilégiez les angles et les reliefs ***(B)***.

Le conseil de Sandrine

Il est inutile de protéger le miroir qui garde ainsi son aspect mat et authentique. En revanche, si vous appliquez cette technique sur un meuble, protégez-le avec un vernis acrylique mat, qui va vitrifier l'effet zingué. N'utilisez surtout pas de cire à patiner, cela ferait fondre la matière et vous perdriez le côté brut du support.

SMB

Le conseil de Sandrine

Pour avoir l'impression que la lumière vient de la gauche comme sur cette réalisation, privilégiez le brossage du blanc sur la gauche des parties bombées du bas et le brossage du noir sur la droite.

2 La toile sur lin

La reproduction de l'œil-de-bœuf

.1. Assemblez 3 ou 4 feuilles de papier-calque avec du ruban adhésif : disposez-les en format paysage, les unes au-dessus des autres, de manière à former une colonne de taille suffisante pour y dessiner la moitié de l'œil-de-bœuf.

.2. Posez le miroir de façon que la ligne médiane se retrouve le long du bord droit du calque. Dessinez à main levée la moitié gauche de l'œil-de-bœuf autour du miroir, avec un crayon à papier gras.
Pensez à respecter à peu près les mêmes proportions que sur le modèle.

.3. Faites découper une planche de médium : elle doit mesurer 18 cm de plus que l'œil-de-bœuf en hauteur et en largeur. Découpez la toile de lin, en sachant qu'elle doit mesurer 20 cm de plus que la plaque en hauteur et en largeur.

.4. Centrez la plaque sur l'envers de la toile. Repliez le bas de la toile et mettez 3 agrafes à 6 cm du bord : une au centre et une à chaque angle. Repliez le haut de la toile. Tendez-la bien et agrafez-la à 3 cm du bord, tous les centimètres.

.5. Dégrafez les 3 agrafes du bas et agrafez de nouveau le bas de la toile, centimètre par centimètre, comme réalisé précédemment pour le haut. Reproduisez l'opération sur les côtés.

.6. Repliez les angles à la manière d'un paquet cadeau, en tendant bien, et agrafez en aplatissant bien ***(C)***.

.7. Positionnez le papier-calque au centre de la toile. Avec un crayon à papier gras, reproduisez la partie gauche de l'œil-de-bœuf sur la toile. Lorsque cette moitié est terminée, retournez le calque et tracez la partie droite de la même façon.

L'effet zingué sur la toile

.1. Repassez les contours de l'œil-de-bœuf à la peinture noire avec un pinceau fin.

.2. Diluez le reste de la couleur gris orage à 20 %, autrement dit mélangez 2 unités d'eau et 8 unités de peinture, de façon qu'elle soit suffisamment fluide pour être bue par la toile de lin. Peignez l'intérieur des contours en gris orage.

.3. Brossez très légèrement l'œil-de-bœuf à la peinture noire avec le pinceau à badigeon : prélevez la peinture avec le pinceau et essuyez le surplus.
Avec un geste souple du poignet, promenez le pinceau sur le support ***(D)***.

.4. Brossez les parties où vous voulez simuler le relief et la lumière avec de la matière blanche ***(E)***.

.5. Centrez le miroir sur le trompe-l'œil, et fixez-le sur l'arrière avec 2 longues vis. Ajoutez 2 grosses pattes à l'arrière, de chaque côté de la planche de médium, afin de pouvoir la fixer au mur.

Le conseil de Sandrine

Pour donner un effet vieilli à la toile de lin, appliquez çà et là de la matière blanche avec la brosse à badigeon, en travaillant à la verticale.

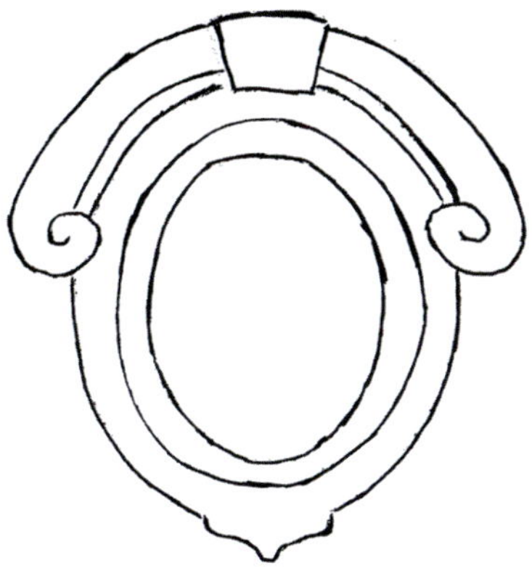

Lit navigateur **

L'assemblage de planches de chantier est une technique très utilisée dans le style « campagne chic ». Avec cette tête de lit en bleu outremer, vous entendrez presque le ressac s'écraser contre les rochers les nuits de tempête.

fournitures

- 5 planches de chantier en pin de 300 x 10 x 1 cm
- 3 baguettes de 235 x 3 x 1,5 cm
- de la peinture acrylique bleu outremer mat
- de la céruse, de la primaire pour céruse
- des clous de 25 mm, 1 marteau
- 1 chiffon, du white-spirit
- le petit matériel pour peindre, protéger, poncer, lustrer

A

B

1 L'assemblage des planches

.1. Sciez toutes les planches de chantier de façon à obtenir 10 morceaux de 115 cm.

.2. Disposez-les côte à côte sur le sol, en choisissant les faces les plus veinées et les moins endommagées, qui sont les plus exploitables pour la céruse. Vous obtenez un rectangle de 115 x 100 cm.

.3. Sciez 2 baguettes, de façon à obtenir 3 morceaux de 95 cm de long.

.4. Retournez les planches et disposez les 3 baguettes sur le verso : une à 10 cm du haut ; une à 10 cm du bas et une au milieu. Clouez-les sur les planches.

2 La céruse

.1. Préparez le jus outremer : dans un pot de confiture, diluez le bleu outremer à 40 %. Autrement dit, mélangez 4 unités d'eau pour 6 unités de peinture. Appliquez-le sur le recto de la tête de lit, avec un pinceau acrylique.

C

.2. Poncez énergiquement le support dans le sens du bois avec du papier de verre n° 80, afin d'enlever les échardes et d'assouplir les veines du bois. Appliquez une seconde couche de jus et laissez sécher.

.3. Passez une couche généreuse de primaire pour céruse avec un pinceau acrylique. Veillez à ce qu'elle pénètre bien dans les pores et les veines du bois, puis laissez sécher. Poncez rapidement avec du papier de verre n° 120, puis appliquez une seconde couche de primaire. Laissez sécher.

.4. Appliquez une couche généreuse de céruse avec un pinceau glycéro, puis raclez l'excédent avec une spatule. Laissez sécher 2 h ***(A et B)***.

.5. Essuyez le support avec un chiffon imbibé de white-spirit ***(C)***.

.6. Laissez sécher pendant une demi-journée, puis lustrez avec de la laine d'acier n° 000.

3 L'assemblage du cadre

.1. Sciez les baguettes restantes de façon à obtenir 2 morceaux de 115 cm de long et 1 morceau de 103 cm de long.

.2. Au pinceau, appliquez le jus outremer sur le recto, le verso et sur une des tranches. Laissez sécher.

.3. Poncez le support avec du papier de verre n° 320, afin d'obtenir un toucher « peau de pêche ».

.4. Clouez les baguettes sur la tête de lit.

création

Chaise baroque*

Un meuble doré est souvent la pièce maîtresse du baroque. Détournez une chaise style Louis XV, patinez-la en doré, et donnez-lui une nouvelle vie en l'habillant de velours rouge pour un côté boudoir chic.

fournitures

- de la sous-couche rouge ou du gesso rouge
- de la peinture acrylique à effet métal or riche
- le petit matériel pour peindre, protéger, poncer, lustrer

.1. Décirez votre support ou partez d'un support brut. Veillez à ce qu'il soit parfaitement dépoussiéré.

.2. Appliquez de la sous-couche rouge sur le support au pinceau acrylique et laissez sécher.

.3. Poncez avec du papier de verre n° 000 ou n° 320 pour obtenir un toucher « peau de pêche ». Appliquez une seconde couche de sous-couche si nécessaire, pour avoir une teinte plus intense. Laissez sécher.

.4. Remuez le pot de peinture or riche. Appliquez-en une couche sur la chaise avec un pinceau acrylique, puis laissez sécher. Passez une seconde couche et laissez sécher.

.5. Poncez les arêtes des pieds et du dossier ainsi que l'intérieur des moulures avec de la laine d'acier n° 000, afin de faire ressortir un peu le rouge, qui va souligner le doré et lui donner plus de profondeur.

.6. Approfondissez l'effet vieilli rouge en repassant aux endroits où vous avez poncé une petite boule de laine d'acier imbibée d'un peu de cire à patiner incolore. Cela fait fondre davantage la peinture et donne un côté plus intense au rouge.

Quelques conseils pour bien peindre une chaise

+ Adaptez votre pinceau au support : les montants et les pieds de chaise étant étroits, mieux vaut utiliser un pinceau à rechampi, qui limitera les coulures, et dont la pointe vous permettra de bien faire pénétrer la peinture à l'intérieur des moulures.
+ Commencez par retourner la chaise en posant l'assise sur la table afin de bien peindre les pieds. Puis posez-la par terre afin de réaliser le dos et le haut.
+ Établissez un schéma de peinture à respecter, afin de ne pas oublier un des montants du pied.
+ Faites attention aux coulures : dès que les pieds sont peints, repassez votre pinceau sur une face de chaque pied, de façon à bien essuyer les coulures. Reproduisez ce geste sur les montants et sur le dos de la chaise.

Le conseil de Sandrine

Ne protégez pas une réalisation à effet métal : la protection se trouve déjà dans la peinture et le fait d'ajouter une protection supplémentaire ferait disparaître les jolis effets métallisés.

Bout de canapé stucco**

L'effet béton ciré peut être détourné pour réaliser d'autres effets de matière, comme le stucco, au rendu délicieusement chamarré. Une tasse de café, une paire de lunettes et un livre, voilà une petite table d'appoint vite remplie !

fournitures

pour les pieds et la ceinture

- de la sous-couche
- de la peinture acrylique mate : blanc, chocolat, noir
- des colorants : ocre jaune, ombre naturelle, ombre calcinée, noir
- le petit matériel pour peindre, protéger, poncer, lustrer

pour le plateau

- de la peinture effet béton ciré couleur taupe foncé
- du colorant noir
- de la cire à patiner incolore
- du papier de verre n° 000 ou n° 320
- de la laine d'acier n° 000
- 1 spatule

1 Les pieds et la ceinture

.1. Décirez votre support ou partez d'un support brut. Veillez à ce qu'il soit parfaitement dépoussiéré.

.2. Appliquez la sous-couche adaptée à votre support (voir p. 12). Laissez sécher. À ce stade, votre bois va se « hérisser » ; poncez avec du papier de verre n° 000 ou n° 320 pour un toucher « peau de pêche ».

.3. Avec un pinceau à rechampi, déposez de la peinture chocolat ou noire sur les arêtes. Laissez sécher. Avec un pinceau glycéro très peu chargé en cire, déposez de la cire à patiner incolore sur les arêtes, de manière à créer une « réserve ».

.4. Préparez la couleur lin : dans 1/2 pot de confiture de peinture blanche, ajoutez 3 gouttes d'ombre calcinée, 4 gouttes d'ombre naturelle, 3 gouttes d'ocre jaune et 2 gouttes de noir.

Appliquez-en une couche sur les pieds et sur la ceinture du bout de canapé et laissez sécher. Si vous souhaitez que la couleur soit plus intense, appliquez une seconde couche. Laissez sécher.

.5. Avec du papier de verre n° 120 (ou n° 80 pour un effet très vieilli), poncez les angles et les arêtes aux endroits où vous avez appliqué de la cire. La couleur chocolat va ressortir **(A)**.

.6. Avec un pinceau glycéro, appliquez une couche de cire incolore sur les pieds et sur la ceinture, afin de les protéger. Laissez sécher une demi-journée, puis lustrez avec de la laine d'acier n° 000.

A

Le conseil de Sandrine

Si vous ne souhaitez pas réaliser de patine double, un glacis avec 1/2 de pigment noir et 1/2 de pigment terre pourrie sur fond « lin craie » serait également parfaitement adapté à ce meuble.

Le conseil de Sandrine

La protection à la cire est la plus indiquée pour faire ressortir les jolis effets stucco. En revanche, si le plateau est destiné à être souvent sollicité, mieux vaut substituer la protection à la cire par 2 couches de vernis acrylique mat ou satin haute protection.

2 Le plateau

Pour réaliser un effet stucco, il est nécessaire de travailler dans un endroit sec et tempéré.

1. Décirez votre support ou partez d'un support brut. Veillez à ce qu'il soit parfaitement dépoussiéré.
2. Appliquez la sous-couche adaptée à votre support (voir p. 12). Laissez sécher. À ce stade, votre bois va se « hérisser » ; poncez avec du papier de verre n° 000 ou n° 320 pour un toucher « peau de pêche ».
3. Divisez la peinture taupe dans 2 pots différents. Dans le premier, ajoutez 1 ou 2 gouttes de colorant noir et mélangez bien : ce sera la couleur n° 1. Le second pot correspond à la couleur n° 2. Ne mettez pas plus de 2 gouttes de colorant dans le premier pot, car les 2 couleurs ne doivent pas être trop contrastées.
4. Avec une spatule, appliquez la couleur n° 1 en croisant les mouvements, en couches fines, tout en laissant de la surépaisseur par endroits. Plus vous laisserez de surépaisseur, plus l'effet sera important. Laissez sécher une demi-journée ***(B)***.
5. Avec une spatule, appliquez la couleur n° 2 sur le plateau, en croisant les mouvements et en « ferrant » : appuyez fortement avec la spatule afin de bien écraser et de lisser les surépaisseurs de la première couche. Enlevez bien tout le surplus, sans chercher à laisser des effets de matière. Laissez sécher une journée ***(C)***.
6. Avec votre doigt, appliquez la couleur n° 2 sur les bords du plateau : trempez régulièrement le doigt dans la couleur n° 2 et enduisez les bords en croisant les mouvements pour créer de petits effets de matière ***(D)***.
7. Polissez la surface avec de la laine d'acier n° 000 ***(E)***.
8. Protégez le plateau en appliquant une couche de cire à patiner incolore avec un pinceau glycéro. Laissez sécher une demi-journée, puis lustrez de nouveau avec de la laine d'acier n° 000.

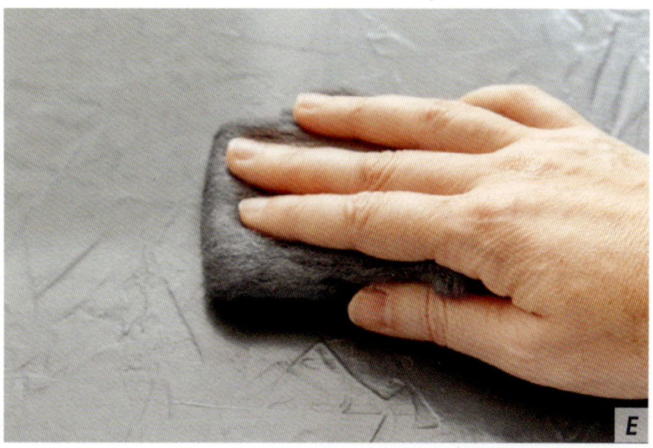

création

Miniconsole *

Grâce à un glacis lin, apportez un effet minéral à un moulage en résine qui donnera de jolies allures de sculpture à votre support.

fournitures

- de la sous-couche
- de la peinture acrylique blanc mat
- des colorants : ocre jaune, ombre brûlée, noir
- des pigments : ombre brûlée, ombre naturelle
- du blanc de Meudon
- du sable fin
- de la cire à céruser, de la cire dorée (facultatif)
- le petit matériel pour peindre, protéger, poncer, lustrer

A

.1. Décirez votre support ou partez d'un support brut. Veillez à ce qu'il soit parfaitement dépoussiéré.

.2. Appliquez la sous-couche adaptée à votre support (voir p. 12). Laissez sécher.

.3. Préparez la couleur lin/pierre : remplissez 1/3 d'un pot de confiture avec du blanc de Meudon. Ajoutez de l'eau tout en remuant jusqu'à obtenir une consistance de pâte à gaufres. Complétez avec de la peinture blanche jusqu'à la moitié du pot. Ajoutez 1/2 cuillère à café de colorant noir, 1/2 cuillère à café de colorant ocre jaune et 2 gouttes d'ombre brûlée. Pour donner un côté graniteux et brillant à la matière, ajoutez 1 ou 2 cuillères à café de sable fin.

.4. Avec un pinceau acrylique, appliquez une couche généreuse de couleur lin/pierre sur le support. Laissez sécher, puis recommencez l'opération une seconde fois si nécessaire.

.5. Préparez le glacis lin : dans un ramequin, mélangez 2 cuillères à café de pigment ombre naturelle et 1 cuillère à café de pigment ombre brûlée. Prélevez 1 cuillère à café de ce mélange de pigment et mélangez-le à 3 cuillères à soupe de cire à patiner incolore.

.6. Avec un pinceau glycéro, appliquez le glacis lin sur tout le support, en veillant à bien pénétrer dans les creux ***(A)***.

.7. Dès que la surface est totalement recouverte de cire, accentuez les nuances : trempez le pinceau glycéro dans le ramequin de pigments purs, puis tamponnez-le dans les creux et dans les endroits que vous voulez foncer ***(B)***.

.8. Essuyez la cire délicatement sur les parties bombées avec la mèche de coton ou un chiffon, en prenant soin de laisser la cire très pigmentée dans les creux. Les contrastes vont apparaître instantanément. Laissez sécher une journée ***(C)***.

B

C

Le conseil de Sandrine

Pour donner davantage de relief à votre réalisation, appliquez un peu de cire à céruser avec le bout du doigt sur certaines parties bombées pour donner une illusion de relief. Répétez l'opération avec de la cire dorée sur d'autres parties bombées pour donner une impression de luminosité.

création

Coiffeuse de charme **

Un glacis lin, de jolies poignées et un pochoir en relief, voilà qui donne un look glamour et féminin à une simple coiffeuse en pin.

fournitures

- de la sous-couche
- de la peinture acrylique mate : blanc, noir
- du colorant ombre naturelle
- du pigment ombre naturelle
- le petit matériel pour peindre, protéger, poncer, lustrer

pour le pochoir

- de la peinture acrylique blanc mat
- du blanc de Meudon
- 1 pochoir 3D en plastique souple, 1 crayon à papier
- 1 spatule
- du ruban adhésif repositionnable

1 Le pochoir en relief

.1. Préparez l'enduit : dans une assiette creuse, mettez 6 cuillères à soupe de blanc de Meudon. Ajoutez de l'eau en remuant sans cesse, jusqu'à obtenir une pâte très épaisse. Malaxez avec la cuillère jusqu'à ce que le mélange soit parfaitement homogène. Ajoutez 1 ou 2 cuillères à soupe de peinture blanche, de façon que le mélange ait la consistance d'un enduit de rebouchage.

.2. Avec un crayon à papier, reproduisez les motifs du pochoir sur la découpe de la coiffeuse, afin de matérialiser un repère.

.3. Occultez les parties du pochoir que vous ne voulez pas utiliser avec du ruban adhésif repositionnable. Placez-le et fixez-le aux extrémités avec du ruban adhésif repositionnable.

.4. Étalez généreusement l'enduit sur le pochoir avec la spatule. Raclez immédiatement le surplus et retirez le pochoir délicatement ***(A et B)***.

.5. Construisez la frise petit à petit, en suivant le dessin réalisé en étape 1. Laissez sécher une demi-journée et nettoyez immédiatement le pochoir à l'eau après usage.

A

B

Lorsque vous chinez un meuble, faites abstraction des ferronneries, car vous pourrez les changer si elles ne sont pas à votre goût. Les magasins de bricolage ont toujours un rayon foisonnant de poignées, modernes ou anciennes. Vous constaterez à quel point cela peut changer radicalement le style d'un meuble !

Si vous ne souhaitez pas patiner les poignées, installez-les une fois que la patine est parfaitement sèche.
Si vous souhaitez les patiner, vous pouvez les fixer immédiatement et les patiner en même temps que le meuble, ou les patiner à part, ce qui permet de ne pas laisser de traces sur les tiroirs si vous changez de nouveau les poignées plus tard.
Patinez les poignées en suivant les mêmes étapes que pour le meuble.

Le conseil de Sandrine

Si vous souhaitez accentuer les effets autour des poignées et du pochoir en relief, pigmentez un peu plus votre glacis de base en ajoutant ½ cuillère à café de pigment ombre naturelle, appliquez le glacis au pinceau en suivant les veines du bois, puis essuyez immédiatement le surplus avec un chiffon. Laissez sécher ***(F)***.

C

D

2 La patine de la coiffeuse

.1. Décirez votre support ou partez d'un support brut. Veillez à ce qu'il soit parfaitement dépoussiéré.

.2. Appliquez la sous-couche adaptée à votre support (voir p. 12). Laissez sécher. À ce stade, votre bois va se « hérisser » ; poncez avec du papier de verre n° 000 ou n° 320 pour un toucher « peau de pêche ».

.3. Avec un pinceau à rechampi, déposez de la couleur noire sur les arêtes et sur le pochoir en relief. Si la couleur n'est pas assez intense, appliquez une seconde couche.

.4. Avec le plat d'un pinceau glycéro légèrement imbibé de cire à patiner incolore, tamponnez sur les parties que vous venez de peindre en noir. Cela fera ressortir le noir au moment du dernier ponçage ***(C)***.

.5. Préparez la couleur lin : dans un pot de confiture rempli de peinture blanche, ajoutez 4 gouttes de colorant ombre naturelle. La couleur obtenue doit être un lin très clair, à tendance gris verdâtre. Avec un pinceau acrylique, appliquez-en une couche sur tout le support, en suivant les veines du bois. Laissez sécher. Si vous souhaitez que la couleur soit plus intense, appliquez une seconde couche, puis laissez sécher de nouveau.

.6. Poncez toutes les parties ayant reçu de la cire à patiner avec du papier de verre n° 120 (ou n° 80 pour un aspect très vieilli) ***(D)***.

.7. Avec un spalter, appliquez une couche de vernis acrylique mat non pigmenté sur le plateau en étirant bien. Laissez sécher, puis poncez avec du papier de verre n° 000 ou n° 320 afin d'enlever les poussières disgracieuses.

.8. Prenez une petite pincée de pigment ombre naturelle et saupoudrez-la sur le plateau. Passez une seconde couche de vernis acrylique mat, en veillant à mélanger les pigments purs dans le vernis. Réalisez 3 ou 4 passages rapides, de façon que les pigments soient étalés de manière homogène dans le vernis. Laissez sécher une demi-journée ***(E)***.

E

F

.9. Préparez le glacis lin : dans un ramequin, mélangez 3 cuillères à soupe de cire à patiner incolore et 1 cuillère à café de pigment ombre naturelle. Appliquez-le sur tout le support sauf sur le plateau, avec un pinceau acrylique de 5 cm de large. Laissez sécher une demi-journée.

.10. Lustrez avec un chiffon propre ou une mèche de coton pour un aspect satiné, ou lustrez avec de la laine d'acier n° 000 pour un aspect plus brillant.

Le conseil de Sandrine

Si la couleur lin ou le glacis lin est trop vert à votre goût, ajoutez 1 goutte de colorant ombre calcinée à votre mélange.

création

Lampe bucolique **

Un tissu frais, un pied dont les volutes rappellent le mouvement du feuillage, le mélange du vert anis et du vert bouteille, et voilà une jolie lampe champêtre 100 % fait main. L'association des couleurs est un des éléments clés de la réussite de la patine double.

fournitures

- de la sous-couche
- de la peinture acrylique mate : blanc, vert bouteille
- du blanc de Meudon
- des colorants : jaune clair, ocre jaune, bleu outremer
- du pigment vert moyen
- le petit matériel pour peindre, protéger, poncer, lustrer

Planche d'inspiration pour la réalisation de la lampe.

.1. Décirez votre support ou partez d'un support brut. Veillez à ce qu'il soit parfaitement dépoussiéré.

.2. Appliquez la sous-couche adaptée à votre support (voir p. 12). Laissez sécher. À ce stade, votre bois va se « hérisser » ; poncez avec du papier de verre n° 000 ou n° 320 pour un toucher « peau de pêche ».

.3. Préparez la couleur vert bouteille : remplissez un petit pot de confiture de blanc de Meudon jusqu'à la moitié. Ajoutez de l'eau tout en remuant, jusqu'à obtenir un enduit qui ait la consistance d'une pâte à gaufres. Complétez le pot jusqu'en haut avec de la peinture vert bouteille.

.4. Avec un pinceau acrylique, appliquez une couche de couleur vert bouteille sur le support. N'étalez pas trop la peinture et veillez à conserver un mouvement dans la matière. Laissez sécher. Si vous souhaitez une couleur plus intense, appliquez une seconde couche, puis laissez sécher de nouveau.

.5. Chargez un pinceau glycéro de cire à patiner incolore, puis essuyez-le de façon qu'il reste gras, mais sans paquets de cire. Promenez ce pinceau sur les arêtes et sur les moulures, en le tenant à un angle de 90 ° par rapport au support.

.6. Préparez la couleur vert anis : dans un petit pot de confiture rempli au 1/4 de peinture blanche, ajoutez 2 cuillères à café de colorant jaune clair, 4 gouttes de colorant ocre jaune et 6 gouttes de colorant bleu outremer. Avec un pinceau acrylique, appliquez une couche de vert anis sur tout le support. Laissez sécher.

.7. Poncez les arêtes et les moulures avec du papier de verre n° 120. Pour protéger et accentuer le vieillissement, imbibez une petite boule de laine d'acier n° 000 de cire à patiner incolore, puis frottez doucement le pied. Laissez sécher une demi-journée, puis lustrez avec un chiffon doux ou de la laine d'acier n° 000 ***(A)***.

.8. Préparez le glacis vert : dans un petit ramequin, mélangez 1 cuillère à soupe de cire à patiner incolore et 1/4 de cuillère à café de pigment vert. Avec un pinceau acrylique, badigeonnez le pied de la lampe avec le glacis vert ***(B)***.

.9. Essuyez le surplus de cire sur les parties bombées en veillant à laisser le glacis dans les creux. Laissez sécher, puis lustrez avec de la laine d'acier n° 000.

A

B

création

Commode gustavienne **

Le gris gustavien est un gris légèrement bleuté qui a l'avantage d'être très neutre et de s'accorder facilement avec toutes les couleurs. Grand classique de l'univers « campagne chic », ce style est parfaitement adapté à une commode ancienne.

fournitures

- de la sous-couche
- de la peinture acrylique blanc mat
- du blanc de Meudon
- du colorant noir
- le petit matériel pour peindre, protéger, poncer, lustrer

A

B

.1. Décirez votre support ou partez d'un support brut. Veillez à ce qu'il soit parfaitement dépoussiéré.

.2. Appliquez la sous-couche adaptée à votre support (voir p. 12). Laissez sécher. À ce stade, votre bois va se « hérisser » ; poncez avec du papier de verre n° 000 ou n° 320 pour un toucher « peau de pêche ».

.3. Préparez la couleur gris orage : dans 1/2 pot de confiture de peinture blanche, ajoutez 1 cuillère à soupe de colorant noir.

.4. Avec un pinceau à rechampi, déposez de la couleur gris orage sur les arêtes, sauf sur celles du plateau et des tiroirs. Si la couleur n'est pas assez intense, appliquez une seconde couche.

.5. Avec une mèche de coton légèrement imbibée de cire à patiner incolore, tamponnez sur les parties que vous venez de peindre en gris orage.

.6. Préparez la couleur gris perle : dans un pot de confiture, versez 5 cuillères à soupe de blanc de Meudon. Ajoutez un peu d'eau tout en remuant jusqu'à obtenir la consistance d'une pâte à gaufres. Complétez avec de la peinture blanche jusqu'à la moitié du pot, puis ajoutez 5 gouttes de colorant noir.

.7. Appliquez une couche de couleur gris perle sur tout le support en suivant bien le sens des veines du bois. Laissez sécher. Si le gris perle n'est pas assez couvrant, ce qui est souvent le cas là où il y a de la cire, appliquez une seconde couche. Laissez sécher.

.8. Avec le plat d'un pinceau glycéro légèrement imbibé de cire à patiner incolore, tamponnez sur le plateau et sur les moulures des tiroirs.

.9. Avec un pinceau acrylique de 5 cm de large, appliquez de la couleur gris orage sur le plateau en étirant bien et en suivant le sens des veines du bois. Puis, avec un pinceau à rechampi, appliquez du gris orage sur les moulures des tiroirs ***(A)***.

.10. Poncez toutes les parties ayant reçu de la cire à patiner avec du papier de verre n° 120 (ou n° 80 pour un aspect très vieilli) ***(B)***.

.11. Avec un spalter, appliquez une couche de vernis sur le plateau en étirant bien. Laissez sécher, puis poncez avec du papier de verre n° 000 ou n° 320. Si vous souhaitez que le plateau soit très protégé, appliquez une seconde couche, puis laissez sécher une demi-journée.

.12. Avec un pinceau glycéro, appliquez de la cire à patiner sur toute la commode. Laissez sécher une demi-journée.

.13. Lustrez avec un chiffon propre ou une mèche de coton pour un aspect satiné, ou lustrez avec de la laine d'acier n° 000 pour un aspect plus brillant.

Fauteuil en rotin **

Avant de reléguer une chaise paillée, cannée ou en rotin à la cave, sachez qu'on peut totalement les transformer en les patinant. La technique est simple et sur ce genre de support, la patine tient parfaitement sur la durée... Essayez !

fournitures

- de la sous-couche
- de la peinture acrylique blanc mat
- du pigment blanc ou du blanc de Meudon
- 1 éponge abrasive, de la lessive Saint-Marc
- le petit matériel pour peindre, protéger, poncer, lustrer

A

B

Lorsque vous patinez sur de la paille, du cannage ou du rotin, toute la difficulté consiste à accumuler des couches suffisamment diluées pour être bien bues et pour ne pas former de « croûte » sur le support, faute de quoi la peinture volerait en éclats dès que vous vous assiérez.

.1. Ôtez le vernis en passant sommairement l'éponge abrasive imbibée de lessive Saint-Marc sur tout le support.
.2. Diluez la peinture sous couche à 10 %. Autrement dit, mélangez 1 unité d'eau pour 9 unités de peinture. Appliquez-la sur le rotin avec un petit rouleau, qui va répartir la sous-couche de manière uniforme et sans couler à travers le rotin. Tapotez immédiatement le support avec le pinceau à l'horizontale, afin de faire rentrer la peinture là où le rouleau n'a pas pu accéder, puis laissez sécher ***(A)***.
.3. Diluez la peinture blanche à 10 %. Autrement dit, mélangez 1 unité d'eau pour 9 unités de peinture. Appliquez une couche avec le rouleau, puis tapotez de nouveau avec le pinceau. Laissez sécher. Si vous souhaitez que la couleur soit plus intense, appliquez une seconde couche, puis laissez sécher ***(B)***.
.4. Dans un ramequin, mélangez 2 cuillères à café de blanc de Meudon, ou de pigment blanc, avec du vernis acrylique mat dilué à 10 %. Appliquez le vernis teinté au spalter sur tout le support, en croisant régulièrement les mouvements, de façon que le vernis pénètre bien partout. Laissez sécher.

Le conseil de Sandrine

Si le reste du support est en bois, vous pouvez le patiner avec la technique qui vous plaira : patine double, effet zingué, glacis. Vous pourrez harmoniser la paille, le cannage ou le rotin à la patine du support en diluant tout à 10 % et en protégeant la surface avec un vernis.

GRASSES
BAMBOOS

Urban baroque

III

Entre modernité et intemporalité, ce style mêle les grands espaces des lofts et la féminité des volutes et des moulures, dans des teintes associant le blanc, le noir et quelques touches de couleurs vives.

Vaisselier *

Le bel écrin crayeux et velouté pour votre vaisselle tire son allure urbaine du contraste entre la patine double « blanc antique » de l'extérieur et la couleur noire de l'intérieur.

fournitures

- de la sous-couche
- de la peinture acrylique mate: blanc, noir
- du pigment noir
- de la cire à céruser, de la cire à blanchir ou du pigment blanc
- du vernis acrylique mat
- 1 bougie, 1 sèche-cheveux
- du ruban adhésif de masquage
- le petit matériel pour peindre, protéger, poncer, lustrer

A

B

C

1 La partie extérieure

.1. Décirez votre support ou partez d'un support brut. Si le meuble est verni, contentez-vous de matifier le vernis afin que la sous-couche puisse adhérer. Veillez à ce que le meuble soit parfaitement dépoussiéré.

.2. Protégez les vitres avec du ruban adhésif de masquage, puis appliquez la sous-couche adaptée à votre support (voir p. 12). Pour les grandes surfaces, vous pouvez utiliser un rouleau de 180 mm : faites une bande, puis lissez immédiatement au pinceau.

Le conseil de Sandrine

Pour patiner un vaisselier, prévoyez à la fois du temps, car il faut respecter le temps de séchage des couches successives, et de l'espace, car vous allez être obligé d'étaler les étagères et les portes sur des tréteaux.

.3. Laissez sécher. À ce stade, votre bois va se « hérisser » ; poncez avec du papier de verre n° 000 ou n° 320 pour un toucher « peau de pêche ». Si les tanins ressortent, appliquez une seconde couche sur les auréoles, laissez sécher, puis poncez de nouveau.

.4. Avec un pinceau à rechampi, appliquez de la peinture noire sur les arêtes, aux endroits où vous voudrez voir les effets vieillis et laissez sécher. Si vous souhaitez que la couleur soit bien intense, appliquez une seconde couche. Laissez sécher ***(A)***.

.5. Chauffez un morceau de bougie à l'aide d'un sèche-cheveux. Appliquez la paraffine fondue sur les endroits à vieillir ***(B)***.

.6. Appliquez une couche de peinture blanche sur tout le support, en utilisant un rouleau pour les grandes surfaces. Laissez sécher. Si vous souhaitez que la couleur soit bien intense, appliquez une seconde couche et laissez sécher de nouveau.

.7. Poncez avec du papier de verre n° 000 ou n° 320 pour un toucher « peau de pêche », puis poncez les arêtes avec du papier de verre n° 120 (ou n° 80 pour un aspect très vieilli) ***(C)***.

.8. Dans un ramequin, mélangez 2 cuillères à soupe de cire à patiner incolore et 2 cuillères à soupe de cire à céruser (ou 2 cuillères à café de pigment blanc). Appliquez cette cire blanche sur tout le support à l'aide d'un pinceau glycéro ou d'une mèche de coton, afin d'approfondir le blanc du support.

D

E

.9. Avec un chiffon, appliquez immédiatement, du bout du doigt, de la cire incolore sur toutes les parties noires recouvertes par la cire blanche. Laissez sécher une journée ***(D)***.

.10. Pour un aspect brillant, lustrez le support avec de la laine d'acier n° 000. Pour un aspect velouté, lustrez plutôt avec une mèche de coton ou un chiffon propre.

2 La partie intérieure

.1. Décirez votre support ou partez d'un support brut. Si le meuble est verni, poncez suffisamment afin d'être certain que le vernis soit bien décapé. Veillez à ce que le meuble soit parfaitement dépoussiéré.

.2. Diluez la peinture noire à 20 %, autrement dit, mélangez 2 unités d'eau à 8 unités de peinture. Appliquez-la à l'intérieur de votre meuble, en utilisant un rouleau pour les grandes surfaces. Cette couche diluée sera bien bue par le bois et fera office de sous-couche.

.3. Laissez sécher, puis poncez avec du papier de verre n° 000 ou n° 320 pour un toucher « peau de pêche ». Si vous souhaitez que la couleur soit bien intense, appliquez une seconde couche et laissez sécher de nouveau.

.4. Dans un ramequin, mélangez 1 cuillère à café de pigment noir avec du vernis. Appliquez le vernis sur toute la surface noire, afin de protéger le meuble tout en intensifiant la couleur. Laissez sécher une journée ***(E)***.

.5. Poncez avec du papier de verre n° 000 ou n° 320, puis recommencez l'opération une seconde fois sur les plateaux, afin que la protection soit maximale. Laissez sécher, puis poncez très légèrement avec du papier de verre n° 000 ou n° 320.

Lorsque l'on patine un meuble, il arrive que les ferronneries ne correspondent pas au style ou à la couleur que l'on veut donner au meuble. Pour les patines claires, il est préférable de peindre les ferronneries, afin que celles-ci se fondent dans le meuble. Respectez scrupuleusement les mêmes étapes que pour la patine du meuble, en supprimant les étapes 4 et 5.
Vous pouvez peindre les serrures, les clefs et les montants, mais ne peignez jamais les mécanismes d'ouverture qui se trouvent à l'intérieur de la porte, faute de quoi vous ne pourrez plus les ouvrir correctement.

Le conseil de Sandrine

La patine « blanc antique » proposée pour ce vaisselier s'adresse surtout aux amoureux du blanc. Si cette masse de blanc est trop importante à votre goût, vous pouvez ajouter un léger glacis à la cire à base de pigment terre pourrie pour un rendu ivoire vieilli, ou un léger glacis à la cire à base de pigment ombre naturelle pour un rendu lin très clair.

Chaise « city baroque » *

Transformez votre vieille chaise style Louis XVI en un objet moderne parfaitement à sa place dans un style urbain, en l'habillant d'argent et de noir.

fournitures

- de la peinture acrylique mate : noir, argent à effet métal
- le petit matériel pour peindre, protéger, poncer, lustrer

.1. Décirez votre support ou partez d'un support brut. Veillez à ce qu'il soit parfaitement dépoussiéré.
.2. Diluez la peinture noire à 10 %. Autrement dit, mélangez 1 unité d'eau et 9 unités de peinture. Appliquez une couche sur le support, puis poncez avec du papier de verre n° 000 et n° 320 jusqu'à obtenir un toucher « peau de pêche ». Votre support doit avoir un aspect gris mat.
.3. Si vous souhaitez que la couleur soit plus intense, appliquez une seconde couche de peinture noire. Laissez sécher.
.4. Remuez la peinture argentée, puis appliquez une couche sur tout le support. Laissez sécher.
.5. Poncez avec du papier de verre n° 000 ou n° 320. Appliquez une seconde couche, puis laissez sécher de nouveau.
.6. Avec du papier de verre n° 120, poncez les arêtes des pieds et du dossier ainsi que l'intérieur des moulures afin de faire ressortir le noir.
.7. Passez une petite boule de laine d'acier n° 000 imbibée d'un peu de cire à patiner incolore sur les endroits où vous avez poncé. Cela permet de faire fondre la peinture et de donner un côté plus intense au noir.

Quelques conseils pour bien peindre une chaise

+ Adaptez votre pinceau au support : les montants et pieds de chaise étant étroits, mieux vaut utiliser un pinceau à rechampi, qui limitera les coulures, et dont la pointe vous permettra de bien faire pénétrer la peinture à l'intérieur des moulures.
+ Commencez par retourner la chaise en posant l'assise sur la table afin de bien peindre les pieds. Puis posez-la par terre afin de réaliser le dos et le haut.
+ Établissez un schéma de peinture à respecter, afin de ne pas oublier un des montants du pied.
+ Faites attention aux coulures : dès que les pieds sont peints, repassez votre pinceau sur une face de chaque pied, de façon à bien essuyer les coulures. Reproduisez ce geste sur les montants et sur le dos de la chaise.

Le conseil de Sandrine

Pour réaliser un effet « feuille d'argent », peignez avec un petit rouleau ou avec un pinceau de 5 cm de large, en croisant les mouvements.

création

Cuisine relookée **

Pourquoi changer de cuisine lorsque ce chêne vieillot ou ce mélaminé démodé ne vous plaît plus ? Il est très facile de donner une seconde jeunesse à tous les types de cuisines. Des meubles au plan de travail, vous allez étonner votre entourage à moindre coût !

fournitures

- de la sous-couche
- de la peinture acrylique mate : blanc, noir
- de la peinture à effet béton ciré de la couleur désirée
- des colorants : noir, ocre jaune, ombre naturelle
- du pigment noir
- 1 éponge, 1 éponge abrasive, de la lessive Saint-Marc
- le petit matériel pour peindre, protéger, poncer, lustrer

1 Le plan de travail en béton ciré

Quel que soit le matériau de votre plan de travail (bois, ardoise, zinc, mélaminé ou carrelage), vous allez obtenir un rendu moderne et très solide grâce à l'effet béton ciré.

A

B

C

D

1. Si le plan de travail est en mélaminé, dégraissez-le parfaitement avec une éponge et de la lessive Saint-Marc. S'il est en bois, décapez-le avec une éponge abrasive et de la lessive Saint-Marc. Laissez sécher.
2. Appliquez la sous-couche adaptée à votre support (voir p. 12) et laissez sécher.
3. Mélangez bien la peinture à effet béton ciré, puis appliquez-la à la spatule en couches fines, en croisant les mouvements, tout en laissant de la surépaisseur par endroits. Plus vous laisserez de surépaisseur, et plus vous aurez d'effets sur votre support. Laissez sécher une demi-journée ***(A)***.
4. Appliquez une seconde couche de matière à effet béton ciré, en croisant les mouvements, et en « ferrant » : appuyez fortement avec la spatule afin de bien écraser la matière et de lisser les surépaisseurs de la première couche. Laissez sécher une journée ***(B)***.
5. Polissez la surface avec de la laine d'acier, puis protégez le support en appliquant un vernis haute résistance incolore au pinceau acrylique. Laissez sécher puis poncez avec du papier de verre n° 000 ou n° 320 ***(C)***.
6. Répétez l'opération 2 ou 3 fois afin d'intensifier la protection sur le plan de travail ***(D)***.

Le conseil de Sandrine

Si vous colorez la peinture blanche avec du colorant noire, le gris sera certainement trop bleuté. Si c'est le cas, compensez en ajoutant 3 gouttes de colorant ombre brûlée et 3 gouttes d'ocre jaune.

Le bord du plan de travail

.1. Appliquez la matière bien généreusement à la spatule en laissant des « bourrelets » ***(E)***.

.2. Laissez sécher une demi-heure, puis ôtez le surplus de peinture en grattant avec le côté tranchant de la spatule ou en essuyant avec une éponge humide.

2 La patine des meubles bas

Les meubles de cuisine sont toujours malmenés : ils sont frottés avec des produits désinfectants très corrosifs, parfois même avec le côté abrasif des éponges. Le mieux est donc de choisir une patine au vernis, afin d'obtenir le rendu le plus solide possible.

.1. Si le plan de travail est en mélaminé, dégraissez-le parfaitement avec une éponge et de la lessive Saint-Marc. S'il est en bois, décapez-le avec une éponge abrasive et de la lessive Saint-Marc. Laissez sécher.

.2. Appliquez la sous-couche adaptée à votre support (voir p. 12) et laissez sécher ***(F)***.

.3. Poncez légèrement le support avec du papier de verre n° 000 ou n° 320 afin d'enlever les surépaisseurs ou les poussières éventuelles.

.4. Préparez la couleur gris anthracite : dans un gros pot de confiture, mélangez 1/4 de peinture blanche et 3/4 de peinture noire (ou ajoutez du colorant noir à la peinture blanche), jusqu'à obtenir un gris anthracite très foncé. Appliquez une couche sur les meubles en respectant le sens des veines du bois. Laissez sécher, puis appliquez une seconde couche et laissez sécher de nouveau.

.5. Avec un pinceau acrylique, appliquez une couche de vernis haute protection incolore. Laissez sécher.

.6. Poncez légèrement avec du papier de verre n° 000 ou n° 320 pour enlever les éventuelles poussières et préparer l'accroche de la seconde couche de vernis.

.7. Dans un ramequin, pigmentez le vernis incolore avec 1/2 cuillère à café de pigment noir. Avec un pinceau acrylique pas trop chargé, appliquez une couche de vernis pigmenté sur les meubles, en respectant bien le sens des veines du bois. Laissez sécher ***(G)***.

.8. Appliquez une dernière couche de vernis incolore et laissez sécher.

3 La patine des meubles hauts

.1. Si le plan de travail est en mélaminé, dégraissez-le parfaitement avec une éponge et de la lessive Saint-Marc. S'il est en bois, décapez-le avec une éponge abrasive et de la lessive Saint-Marc. Laissez sécher.

.2. Appliquez la sous-couche adaptée à votre support (voir p. 12) et laissez sécher.

.3. Poncez légèrement le support avec du papier de verre n° 000 ou n° 320 afin d'enlever les surépaisseurs ou les poussières éventuelles.

E

F

.4. Préparez la couleur gris perle : dans un gros pot de confiture de peinture blanche, ajoutez 1 cuillère à café de colorant noir, 1 goutte d'ocre jaune, 1 goutte d'ombre naturelle. Appliquez une couche sur les meubles en respectant le sens des veines du bois.
Laissez sécher, puis appliquez une seconde couche et laissez sécher de nouveau.

.5. Avec un pinceau acrylique, appliquez une couche de vernis haute protection incolore et laissez sécher.

.6. Poncez légèrement avec du papier de verre n° 000 ou n° 320 pour enlever les éventuelles poussières et préparer l'accroche de la seconde couche de vernis.

.7. Appliquez une dernière couche de vernis incolore et laissez sécher.

Le conseil de Sandrine

Calculez bien la surface à couvrir avant de vous lancer, afin d'acheter le nombre de pots de peinture nécessaires.

Le plan de travail

Pour foncer la couleur de base, pigmentez le vernis avec un pigment noir ou ocre gris, et appliquez-le au spalter en croisant les mouvements. Le vernis se logera dans les creux du béton et fera de jolis effets chamarrés. Plus vous superposerez les couches de vernis pigmenté, plus le plan de travail va foncer.

Les meubles bas

Si vous choisissez de superposer les glacis au vernis pigmenté, pensez à changer de pigment. Par exemple, faites un premier passage avec un glacis au pigment noir, un deuxième passage avec un glacis au pigment ombre naturelle, et un dernier avec du pigment terre pourrie. Plus vous accumulerez les couches, plus votre patine sera solide.

Le conseil de Sandrine

Si le bois d'origine de votre cuisine était joli, utilisez sa couleur pour faire un effet supplémentaire en ponçant légèrement les arêtes des meubles avec du papier de verre n° 120.

Variante : la cuisine en chêne patinée en ivoire vieilli

fournitures

- de la sous-couche
- de la peinture acrylique blanc mat
- du colorant ocre jaune, du pigment terre pourrie
- le petit matériel pour peindre, protéger, poncer, lustrer

A

B

.1. Décapez les meubles avec une éponge abrasive et de la lessive Saint-Marc. Laissez sécher. Appliquez la sous-couche adaptée à votre support (voir p. 12) et laissez sécher.

.2. Poncez légèrement le support avec du papier de verre n° 000 ou n° 320 afin d'enlever les surépaisseurs ou les poussières éventuelles.

.3. Préparez la couleur blanc cassé : dans un gros pot de confiture de peinture blanche, ajoutez 1 cuillère à café d'ocre jaune. Appliquez une couche de blanc cassé sur les meubles en respectant le sens des veines du bois. Laissez sécher, puis appliquez une seconde couche et laissez sécher de nouveau.

.4. Avec un pinceau acrylique, appliquez une couche de vernis haute protection incolore et laissez sécher **(A)**.

.5. Poncez légèrement avec du papier de verre n° 000 ou n° 320 pour enlever les éventuelles poussières et préparer l'accroche de la seconde couche de vernis.

.6. Dans un ramequin, pigmentez le vernis incolore avec 1/2 cuillère à café de pigment terre pourrie. Avec un pinceau acrylique pas trop chargé, appliquez une couche de vernis pigmenté sur les meubles, en respectant bien le sens des veines du bois. Laissez sécher.

.7. Appliquez une dernière couche de vernis incolore et laissez sécher.

.8. Pour réaliser de jolis effets de relief dans les angles, trempez un pinceau glycéro dans la cire à patiner incolore, puis trempez-le immédiatement dans le pot de pigment terre pourrie. Promenez ce pinceau le long des moulures en veillant à bien laisser accumuler du pigment dans les creux. Essuyez immédiatement le surplus de cire avec un chiffon bien tendu de manière à laisser la cire accumulée dans les creux. Laissez sécher **(B)**.

Déco
Finition Anti-taches
Protecteur
500ml ±10m²

création

Cadre Napoléon III *

Toutes les patines utilisant la technique du jus sont très simples à réaliser et obtiennent un rendu sobre et raffiné. Pour un plus bel effet, partez d'un cadre brut en bois très clair afin d'intensifier le contraste.

fournitures

- de la peinture acrylique noir mat
- de la cire teinte bois couleur chêne moyen
- le petit matériel pour peindre, protéger, poncer, lustrer

.1. Décirez votre support ou partez d'un support brut. Veillez à ce qu'il soit parfaitement dépoussiéré.

.2. Diluez à 20 % votre peinture noire. Autrement dit, mélangez 2 unités d'eau à 8 unités de peinture. Appliquez-la directement sur le support au pinceau. Laissez sécher **(A)**.

.3. Si vous estimez que le noir est trop translucide, appliquez une seconde couche de peinture noire diluée et laissez sécher de nouveau.

.4. Poncez le support avec du papier de verre n° 000 ou n° 320 jusqu'à obtenir un toucher « peau de pêche ». À ce stade, le noir doit avoir un aspect plutôt gris foncé.

.5. Poncez les angles et les parties bombées avec du papier de verre n° 120, de manière à bien faire ressortir le bois clair **(B)**.

.6. Avec un pinceau glycéro, appliquez de la cire à patiner chêne moyen sur tout le support. Laissez sécher 4 h, puis lustrez énergiquement avec de la laine d'acier n° 000, de manière à enlever l'excédent de cire **(C)**.

Le conseil de Sandrine

La patine Napoléon III s'effectue traditionnellement sur une base de noir. Vous pouvez cependant varier les effets en conservant une base de peinture foncée, telle que le gris anthracite, le rouge ou le vert bouteille.

A

B

C

a passion for coffee

création

Table basse **

Une table basse est souvent très malmenée : trace des verres, bricolage des enfants, repose-pieds... La patine à l'anglaise appliquée sur cette table est conçue pour résister à toutes les épreuves, tout en ayant un style très contemporain.

fournitures

- de la peinture acrylique noir mat (ou de la peinture acrylique blanc mat et du colorant noir)
- des pigments : noir, ombre brûlée, ombre naturelle
- de la cire teinte bois couleur noyer
- le petit matériel pour peindre, protéger, poncer, lustrer

A

B

1 La préparation du support

.1. Décirez votre support ou partez d'un support brut. Veillez à ce qu'il soit parfaitement dépoussiéré.

.2. Préparez la matière gris anthracite : dans un pot de confiture, mélangez 1/4 de peinture blanche et 3/4 de peinture noire (ou du colorant noir). Diluez ce gris anthracite à 20 %, autrement dit, mélangez 2 unités d'eau et 8 unités de peinture. Appliquez la couleur anthracite directement sur le support, au pinceau, puis laissez sécher. Si vous estimez que le gris est trop translucide, appliquez une seconde couche de peinture et laissez sécher.

.3. Peignez le cannage au rouleau. Ne le chargez pas trop en peinture et passez-le sur le cannage, en croisant les mouvements ***(A)***.

.4. Poncez le support avec du papier de verre n° 000 ou n° 320, jusqu'à obtenir un toucher « peau de pêche ». Poncez les angles et les parties bombées avec du papier de verre n° 120, afin de faire ressortir le bois clair.

2 Le plateau

.1. Avec un spalter, appliquez une couche de vernis incolore. Laissez sécher, puis poncez le support avec du papier de verre n° 000 ou n° 320, jusqu'à obtenir un toucher « peau de pêche ». Cela prépare le plateau à recevoir la seconde couche de vernis.

.2. Mélangez les pigments dans les proportions suivantes, de façon à en obtenir 1 ou 2 cuillères à café maximum : 1/4 de noir, 1/4 d'ombre naturelle, 1/2 d'ombre brûlée. La couleur doit se rapprocher de la teinte obtenue avec la cire teinte noyer.

.3. Dans un ramequin, pigmentez le vernis incolore avec 1/2 cuillerée à café de mélange de pigments. Avec un spalter, appliquez une couche de vernis pigmentée, en veillant à avoir des gestes bien droits. Laissez sécher.

.4. Poncez le support avec du papier de verre n° 000 ou n° 320. Si vous estimez que la teinte du plateau est assez foncée, appliquez une dernière couche de vernis incolore. Sinon, appliquez une autre couche de vernis pigmentée, jusqu'à obtenir la couleur désirée.

3 Le corps de la table

.1. Avec un pinceau glycéro, appliquez de la cire à patiner teinte noyer sur tout le support. Essuyez immédiatement le surplus de cire avec de la mèche de coton ou avec un chiffon bien tendu. Veillez à travailler le support comme un tableau, en créant les nuances et en jouant sur les ombres ; laissez bien la cire s'accumuler dans les moulures et les aspérités. Laissez sécher ***(B)***.

.2. Lustrez énergiquement avec de la laine d'acier n° 000, afin d'enlever l'excédent de cire. La table va alors prendre toutes ses nuances, tout en gardant un aspect velouté.

création

Fenêtre avec vue **

Une patine ardoise très simple à réaliser pour un cadre trompe-l'œil ultra original.

fournitures

- de la peinture acrylique : blanc satin, noir mat
- le petit matériel pour peindre, protéger, poncer, lustrer

A

B

.1. Décirez votre support ou partez d'un support brut. Veillez à ce qu'il soit parfaitement dépoussiéré. Appliquez la sous-couche adaptée à votre support (voir p. 12) et laissez sécher.

.2. Poncez légèrement le support avec du papier de verre n° 000 ou n° 320 afin d'enlever les surépaisseurs ou les poussières éventuelles.

.3. Avec un pinceau acrylique, appliquez la peinture blanche. Laissez sécher.

.4. Passez un pinceau acrylique légèrement imbibé de cire le long des arêtes, en plaçant le pinceau à un angle de 45 à 90° **(A)**.

.5. Diluez la peinture noire à 20 %. Autrement dit, mélangez 2 unités d'eau à 8 unités de peinture. Appliquez-le sur le support en étirant bien. Si le noir est bien dilué, l'effet obtenu est un film translucide noir/grisé. Laissez sécher **(B)**.

C

.6. Si vous souhaitez que le noir soit plus intense, appliquez une seconde couche et laissez sécher de nouveau.

.7. Poncez dans le sens des veines du bois avec du papier de verre n° 120 (ou n° 80 pour un effet plus chamarré). Plus vous poncez, plus le chamarré noir/blanc sera prononcé ; plus le ponçage est léger, plus l'effet se rapprochera des nuances noires/grises **(C)**.

.8. Protégez le support en appliquant une couche de cire à patiner incolore avec un pinceau ou avec une mèche de coton.

Le conseil de Sandrine

Lorsque vous patinez un cadre ou une fenêtre, dont la vocation est de mettre en valeur un poster, une toile ou une photo, restez le plus sobre possible. En effet, le cadre ne doit pas voler la vedette à l'œuvre encadrée.

Bacs à fleurs zingués *

L'effet zingué est une patine à part entière, élégante et intemporelle. Au fil des saisons, vos petits bacs à fleurs mettront en valeur des minirosiers ou des crocus au printemps, et des herbes aromatiques ou des minicactus en hiver.

fournitures

- de la sous-couche
- de la peinture acrylique blanc mat
- du pigment noir, du colorant noir
- du blanc de Meudon
- 1 pinceau à badigeon
- le petit matériel pour peindre, protéger, poncer, lustrer

A

.1. Colorez la sous-couche adaptée à votre support (voir p. 12) avec quelques gouttes de colorant noir afin d'obtenir une couleur gris anthracite. Appliquez-la sur le support et laissez sécher ***(A)***.

.2. Préparez la couleur gris orage : à la manière d'un fond de sauce, mélangez 1 cuillère à soupe de peinture blanche, 7 cuillères à soupe d'eau et 5 cuillères à café de pigment noir. Laissez reposer pendant 10 min, puis remuez de nouveau et incorporez ce mélange dans un pot de confiture de peinture blanche.

.3. Appliquez une couche de matière gris orage sur tout le support. Laissez sécher.

.4. Préparez la couleur gris clair : à la manière d'un fond de sauce, mélangez 1 cuillère à soupe de peinture blanche, 7 cuillères à soupe d'eau, 3 cuillères à café de pigment noir et 2 cuillères à café de blanc de Meudon. Laissez reposer pendant 10 min, puis remuez de nouveau et incorporez ce mélange dans un pot de confiture de peinture blanche.

.5. Avec un pinceau à badigeon légèrement humidifié de peinture, brossez la matière gris clair sur le support, de haut en bas, puis de bas en haut, en gardant le poignet souple. Laissez sécher ***(B)***.

.6. Préparez la matière blanche : à la manière d'un fond de sauce, mélangez 1 cuillère à soupe de peinture blanche, 7 cuillères à soupe d'eau et 3 cuillères à soupe de blanc de Meudon. Versez le mélange dans un pot de confiture, complétez avec de la peinture blanche et remuez.

.7. Avec un pinceau à badigeon légèrement humidifié de peinture, brossez la matière blanche çà et là sur le support, en privilégiant les angles et les reliefs ***(C)***.

.8. Protégez le support en appliquant 2 couches de vernis acrylique mat avec un spalter, ce qui va vitrifier l'effet zingué.

B

C

Pernot 2012

Ethnique

IV

Inspiré par les ambiances indiennes ou asiatiques, ce style favorise les teintes chaudes, les tissus chatoyants à motifs et les matières végétales, pour un rendu sobre et authentique.

création

Lampion 1001 nuits *

Une patine classique qui permet d'offrir une nouvelle jeunesse à n'importe quel objet métallisé, en lui donnant de jolis reflets mordorés.

fournitures

- De la sous-couche
- De la peinture acrylique noir mat
- Du colorant noir
- De la cire à dorer « or jeune », « or riche »
- le petit matériel pour peindre, protéger, poncer, lustrer

.1. Si votre objet est bien rouillé, poncez-le à sec avec une petite brosse métallique ou de la laine d'acier n° 0.
N'utilisez pas d'antirouille : le support doit conserver son aspect rugueux *(A)*.

.2. Colorez la sous-couche avec quelques gouttes de colorant noir afin d'obtenir une couleur gris anthracite. Appliquez-la sur tout le support et laissez sécher.

.3. Appliquez une couche de peinture noire et laissez sécher *(B)*.

.4. Brossez légèrement le support du bout du doigt avec de la cire « or jeune ». Insistez sur les bords et soyez très léger sur les parties pleines. De la même manière, déposez de la cire « or riche » sur certains angles ou sur certaines arêtes, afin de rompre la « monotonie » de l'autre cire et d'apporter du relief *(C)*.

Le conseil de Sandrine

Si vous souhaitez réaliser cette patine sur une chaise ou une table en fer forgé, il faut protéger le support en appliquant de la cire à patiner incolore au pinceau glycéro, juste après la pose de la peinture noire. Laissez sécher une demi-journée, puis poursuivez la patine. Une fois celle-ci terminée, laissez de nouveau sécher une demi-journée, puis lustrez l'objet avec un chiffon, de façon à bien fixer la cire.

A

B

C

création

Chinoiserie ***

Inspiré des meubles chinois très anciens, ce coffre mélange une patine à la bougie et un glacis pour un effet rouge très lumineux.

fournitures

- de la primaire d'accroche rouge ou du gesso rouge
- de la peinture acrylique mate ou satin : noir, rouge
- du pigment noir
- de la cire à patiner teinte noyer
- du white-spirit
- 1 bougie, 1 sèche-cheveux
- le petit matériel pour peindre, protéger, poncer, lustrer

pour le pochoir

- 1 feuille plastifiée épaisse
- 1 cutter, 1 planche de découpe
- de la cire à dorer couleur « or jeune »
- 1 brosse à pocher
- du ruban adhésif repositionnable

.1. Décirez votre support ou partez d'un support brut. Veillez à ce qu'il soit parfaitement dépoussiéré.

.2. Frottez une bougie sur les arêtes du meuble et sur les pieds, en la faisant fondre simultanément avec le sèche-cheveux, à chaleur maximale. La cire fond et se dépose de manière anarchique.

.3. Appliquez une couche de sous-couche rouge sur tout le support et laissez sécher. Faites attention au sens que vous donnez au pinceau, car de là découle le mouvement du glacis : suivez le sens des veines du bois.

.4. Appliquez une couche de peinture acrylique rouge et laissez sécher.

.5. Pendant que la couche de peinture rouge sèche, appliquez une couche de peinture noire sur le plateau. Laissez sécher, puis appliquez une seconde couche afin d'intensifier la couleur. Laissez sécher de nouveau.

.6. Une fois que le support est sec, frottez de nouveau la bougie sur les montants du coffre, les bords du plateau, les pieds et le haut du plateau. Faites fondre la cire simultanément avec le sèche-cheveux ***(A)***.

.7. Appliquez une couche de couleur noire sur les montants. Laissez sécher, puis appliquez une seconde couche. Laissez sécher de nouveau.

.8. Pendant que les montants sèchent, appliquez une couche de couleur rouge sur le plateau. Laissez sécher, puis appliquez une seconde couche. Laissez sécher de nouveau.

.9. En tenant la spatule orientée le plus proche possible du support, raclez toutes les surépaisseurs dues aux réserves de bougie. La peinture rouge ou noire, ainsi que le bois, sautent par endroits en gros éclats ***(B)***.

A

B

Le conseil de Sandrine

Il est important que le support soit très matiéré. Pour réaliser au mieux cet effet, ne diluez surtout pas la peinture rouge ou la peinture noire. À chaque couche déposée, le coffre gagne en épaisseur et en volume.

爱

Le conseil de Sandrine

Vous pouvez également faire fondre un peu de bougie sur le plateau du coffre, pour lui donner un aspect vieilli.

C

D

.10. Afin de bien égaliser, poncez tout le support avec un papier de verre n° 120, en insistant bien sur les endroits où vous aviez déposé la cire ***(C)***.

.11. Chargez le pinceau à rechampi de cire à patiner teinte noyer, puis trempez-le directement dans le pot de pigment noir, afin que le pinceau soit très chargé en pigments. Passez-le sur tous les angles intérieurs du coffre. La cire est tellement pigmentée que le mélange que vous venez d'appliquer doit recouvrir totalement le rouge ***(D)***.

.12. Dans un ramequin, mélangez 2 cuillères à soupe de cire à patiner noyer, 1/4 de cuillère à café de pigment noir. Diluez la cire pigmentée en y ajoutant 2 ou 3 cuillères à soupe de white-spirit. Le mélange doit avoir la consistance d'un yaourt brassé.

.13. Appliquez la cire pigmentée au pinceau glycéro sur toutes les parties rouges du coffre. Repassez délicatement là où il y a déjà de la cire noire concentrée, afin de réaliser un dégradé de noir. Laissez sécher entre 1 et 2 h ***(E)***.

.14. Lustrez le coffre avec de la laine d'acier n° 000. Plus vous insistez, plus le rouge réapparaît, tandis que le glacis reste accumulé dans les sillons formés par les traits de pinceau. Laissez volontairement des endroits moins lustrés afin de créer des nuances ***(F)***.

.15. Protégez les montants et les bords du coffre peints en noir en appliquant de la cire à patiner incolore au chiffon ou avec de la mèche de coton.

E

F

Le conseil de Sandrine

Si la cire teintée part difficilement et que vous avez des difficultés à retrouver la couleur rouge, imbibez de la laine d'acier d'un peu de cire à patiner incolore, puis frottez : la cire à patiner incolore va faire fondre la cire teintée.

L'idéogramme

Pour trouver l'idéogramme chinois qui vous convient, tapez simplement « idéogramme chinois » + un mot clé dans un moteur de recherche. L'idéogramme représenté ici signifie « aimer ».

.1. Imprimez l'idéogramme au format désiré. Décalquez-le sur la feuille plastifiée.
.2. Découpez-le avec le cutter sur la planche de découpe. Travaillez toujours en tirant le cutter vers vous. Pour découper les angles, tournez la feuille et non le cutter. Évidez l'intérieur de l'idéogramme en pensant à laisser un petit « pont », qui permettra à la partie pleine de rester en place.
.3. Positionnez le pochoir au centre de votre support et fixez-le aux extrémités avec du ruban adhésif repositionnable. Ne laissez pas le ruban adhésif trop longtemps sur le support, car la cire qu'il contient est corrosive et risque d'abîmer la patine.
.4. Chargez la brosse à pocher d'une petite quantité de cire à dorer. Tenez-la à la verticale et tamponnez le pochoir en décrivant de petits cercles concentriques, qui partent du pochoir vers le centre ***(G)***.
.5. Décollez délicatement le pochoir, puis laissez sécher. Inutile d'appliquer de la cire sur le pochoir, car la protection est incluse dans la cire à dorer.

création

Poule rousse *

Mêlant céramique et patine, cette petite poule trônera fièrement dans votre intérieur. Son support en argile est un matériau idéal pour la patine au glacis, car il offre beaucoup de volumes et d'aspérités.

fournitures

- de la sous-couche
- de la peinture acrylique mate : blanc, rouge brique
- des colorants : jaune moyen, ocre jaune
- des pigments : ombre naturelle, ombre brûlée
- le petit matériel pour peindre, protéger, poncer, lustrer

A

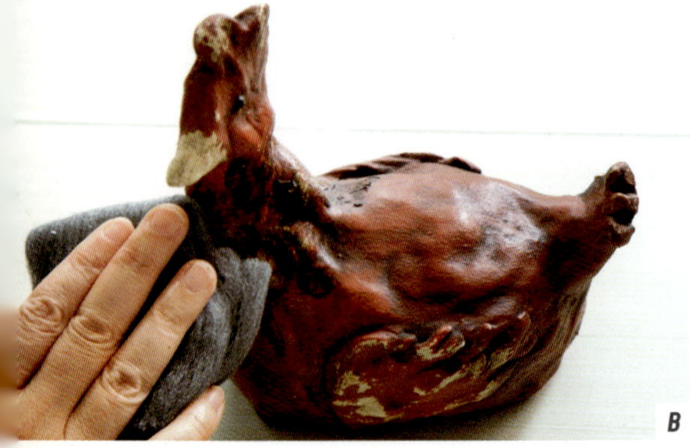

B

.1. Appliquez la sous-couche adaptée à votre support (voir p. 12) et laissez sécher.

.2. Préparez la couleur jaune (couleur n° 1) : dans 1/4 de pot de confiture, mettez 2 gouttes de colorant jaune et 2 gouttes de colorant ocre jaune. La couleur doit être un peu « fanée ». Si le mélange est trop clair, répétez l'opération pour foncer la couleur.

.3. Appliquez une couche de couleur n° 1. Laissez sécher, puis appliquez une seconde couche et laissez sécher de nouveau.

.4. À l'aide d'une mèche de coton très légèrement imbibée de cire à patiner, tapotez de manière anarchique sur la sculpture. Insistez sur les bouts des ailes, de la queue et sur le cou ***(A)***.

.5. Appliquez une couche de couleur rouge brique (couleur n° 2) sur la poule, sauf sur le bec. Laissez sécher. Si vous ne trouvez pas de rouge brique, prenez du rouge vermillon et transformez-le en ajoutant 1 ou 2 gouttes d'ombre naturelle.

.6. Préparez le glacis pigmenté : dans un petit ramequin, mélangez 2 cuillères à café de cire à patiner incolore avec 1 pincée de pigment ombre naturelle et 1/2 cuillère à café de pigment ombre brûlée. Appliquez le glacis avec un pinceau glycéro, en insistant sur les creux et les aspérités.

.7. Essuyez immédiatement le surplus avec une petite boule de laine d'acier n° 000. Insistez bien sur les parties où vous avez appliqué la cire à patiner afin de faire fondre la couleur n° 2 et de révéler la couleur n° 1 ***(B)***.

.8. Laissez sécher une journée, puis lustrez avec un chiffon doux ou de la laine d'acier n° 000.

Le conseil de Sandrine

Luttez contre l'envie de trop essuyer : il doit rester de la cire dans les aspérités, de façon à bien faire ressortir les reliefs. La cire pigmentée apporte ainsi une couleur supplémentaire.

La sculpture

Si vous souhaitez vous lancer dans le modelage à l'argile, rien de plus facile. Il existe de l'argile autodurcissant, qui évite la cuisson à haute température. Si votre objet est de taille moyenne, vous pouvez même utiliser de l'argile « classique » et le laisser sécher naturellement pendant 2 semaines avant de le patiner.

Dans tous les cas, respectez 2 règles : construisez votre sculpture morceau par morceau, et laissez toujours un creux à l'intérieur des parties volumineuses pour éviter que l'argile ne craquelle en séchant.

création

Bureau d'écolier ***

Que ce soit pour une chambre d'enfant ou pour apporter du peps à votre univers, redonnez un coup de jeune à un vieux meuble en associant des couleurs toniques et lumineuses !

fournitures

- de la sous-couche
- de la peinture acrylique mate : blanc, rouge cerise (ou rouge vermillon)
- des colorants : rouge vermillon, bleu outremer, noir
- du blanc de Meudon
- le petit matériel pour peindre, protéger, poncer, lustrer

A

1 L'inspiration

Il est difficile d'accorder correctement les couleurs du premier coup. Pour ne pas vous tromper, commencez toujours par faire des recherches de couleurs, et gardez à l'esprit que l'on ne peut dépasser 3 coloris différents dans un même univers, sauf pour les camaïeux ***(A)***.

Recherchez dans les tissus ou dans les papiers peints. En effet, si un papier peint ou un tissu vous plaît, c'est que les couleurs sont harmonieuses. Regardez dans les publicités des fournisseurs de peinture. Ces derniers classent toujours les couleurs par camaïeux (les roses, les violets, etc.) ou par styles (les couleurs zen, les couleurs baroques, les couleurs ethniques, etc.).

2 La préparation des couleurs

+ « Eau de rose » : dans un pot de confiture vide, mélangez 4 cuillères à soupe bombées de blanc de Meudon et 3 cuillères à soupe d'eau, jusqu'à obtenir une matière homogène. Remplissez le pot aux 2/3 de peinture blanche, ajoutez 3 gouttes de colorant rouge, 3 gouttes de colorant bleu et 1 goutte de colorant noir. Le résultat doit être très clair.
+ « Prune » : dans un pot de confiture vide, mélangez 3 cuillères à soupe de peinture rouge et 3 cuillères à soupe de peinture blanche. Ajoutez 2,5 cuillères à café de colorant bleu outremer et 3 gouttes de colorant noir.
+ « Framboise » : dans un pot de confiture vide, mélangez 3 cuillères à soupe de peinture rouge et 3 cuillères à soupe de peinture blanche. Ajoutez 1 cuillère à café de colorant bleu outremer et 5 gouttes de colorant noir.
+ « Lavande » : dans un pot de confiture rempli aux 1/3 avec de la peinture blanche, ajoutez 6 gouttes de colorant bleu outremer, 3 gouttes de colorant noir et 3 gouttes de colorant rouge.
+ « Glycine » : dans un pot de confiture rempli aux 1/3 avec de la peinture blanche, ajoutez 5 gouttes de colorant bleu outremer, 1 goutte de colorant noir et 5 gouttes de colorant rouge.
+ « Mauve » : dans un pot de confiture rempli aux 1/3 avec de la peinture blanche, ajoutez 3 gouttes de colorant bleu outremer, 2 gouttes de colorant noir et 2 gouttes de colorant rouge.
+ « Lilas » : dans un pot de confiture rempli aux 1/3 avec de la peinture blanche, ajoutez 3 gouttes de colorant bleu outremer, 1/2 goutte de colorant noir et 3 gouttes de colorant rouge.
+ « Figue » : cette matière plus épaisse donnera l'illusion d'un sous-main en cuir. Pour cela, il faut texturer la matière avec du blanc de Meudon. Dans un pot de confiture à moitié rempli de blanc de Meudon, ajoutez de l'eau tout en remuant, jusqu'à obtenir un enduit de la consistance d'une pâte à gaufres épaisse. Ajoutez 1/3 de peinture rouge et 1/3 de peinture blanche. Ajoutez 1,5 cuillère à café de colorant bleu outremer et 2 gouttes de colorant noir, et mélangez.

Le conseil de Sandrine

Si vous pensez que les plateaux seront malmenés et si vous craignez les rayures, appliquez 2 couches de vernis acrylique mat, puis poncez avec du papier de verre n° 000 ou n° 320 avant d'appliquer la cire à patiner sur le bureau. Cependant, le vernis va atténuer les jolis effets cuir du plateau.

A

B

C

3 La patine du bureau

.1. Appliquez une couche de couleur « eau de rose » sur le support hormis le plateau avec un pinceau acrylique et sur les bords du plateau avec un pinceau à rechampi, en veillant à bien respecter le sens des veines du bois. Laissez sécher.

.2. Avec une mèche de coton légèrement imbibée de cire à patiner, tamponnez de manière anarchique sur les tiroirs, en insistant principalement sur les arêtes et autour des boutons.

.3. Avec un pinceau acrylique, appliquez :

+ une couche de couleur « prune » sur un des grands tiroirs et une couche de couleur « framboise » sur l'autre ;
+ une couche de couleur « lavande » sur un des tiroirs moyens et une couche de couleur « glycine » sur l'autre ;
+ une couche de couleur « mauve » sur un des petits tiroirs et une couche de couleur « lilas » sur l'autre.

.4. Laissez sécher. Si vous souhaitez que les couleurs soient plus intenses et moins vieillies, appliquez une seconde couche, puis laissez sécher de nouveau.

.5. Poncez les tiroirs avec du papier de verre n° 120 (ou n° 80 pour un effet très vieilli), de manière à faire ressortir la couleur « eau de rose » dans les angles et autour des boutons ***(A)***.

.6. Avec un pinceau acrylique de 5 cm de large, appliquez une couche généreuse d'enduit « figue » sur le plateau, en croisant les mouvements, puis laissez sécher une journée ***(B)***.

.7. Appliquez une seconde couche d'enduit de la même façon que dans l'étape précédente. Laissez sécher une journée.

.8. Poncez énergiquement tout le plateau avec du papier de verre n° 120, afin que la surface soit la plus lisse possible. Les effets de matière vont apparaître. Poncez de nouveau le plateau avec un papier de verre n° 000 ou n° 320.

.9. Avec un pinceau à rechampi, passez la couleur « eau de rose » sur les bords du plateau afin d'éliminer les débordements d'enduit « figue ».

.10. Avec un pinceau glycéro ou une mèche de coton, appliquez de la cire à patiner incolore sur le bureau. Laissez sécher une demi-journée, puis lustrez avec de la laine d'acier n° 000 en insistant bien sur le plateau : plus vous lustrez, plus l'effet cuir apparaît ***(C)***.

Le conseil de Sandrine

Pour que les tiroirs soient harmonieux, la moitié des couleurs sont des violets à tendance bleue et l'autre moitié des violets à tendance rouge. Les parties centrales, c'est-à-dire la couleur du fond et celle du sous-main sont des violets qui respectent l'équilibre parfait du rouge et du bleu. Pour « lier » toutes ces couleurs entre elles, ajoutez une touche de noir à chaque violet, de façon qu'ils soient tous « grisés ».

Boîte à secrets **

Avec un joli transfert et une finition au vernis craquelé, cette boîte fera le bonheur de bien des petites filles.

fournitures

- de la sous-couche
- de la peinture acrylique blanc mat
- du colorant jaune moyen ou jaune citron
- des pigments : ombre naturelle, ombre brûlée
- de la primaire à craqueler, du vernis à craqueler
- le petit matériel pour peindre, protéger, poncer, lustrer

A

B

.1. Décirez votre support ou partez d'un support brut. Veillez à ce qu'il soit parfaitement dépoussiéré. Appliquez la sous-couche adaptée à votre support (voir p. 12) et laissez sécher.

.2. Poncez légèrement le support avec du papier de verre n° 000 ou n° 320 pour obtenir un toucher « peau de pêche ».

.3. Avec un pinceau acrylique, appliquez une couche de peinture blanche sur la partie haute de la boîte et laissez sécher.

.4. Préparez la peinture jaune : dans un pot de confiture, mélangez un fond de peinture blanche et 1 cuillère à café de colorant jaune. Appliquez une couche de peinture jaune sur les 4 autres faces de la boîte. Débordez un peu sur la face blanche en brossant très légèrement avec un pinceau bien essuyé, de façon à obtenir un léger dégradé **(A)**.

C

.5. Poncez la face blanche avec du papier de verre n° 000 ou n° 320, afin qu'elle soit la plus plate possible. Les traits de pinceau empêcheraient le transfert de bien adhérer.

.6. Réalisez le transfert sur le dessus de la boîte (voir p. 41) **(B)**.

.7. Placez-vous dans un endroit sec et tempéré. Avec un pinceau acrylique, appliquez la primaire à craqueler sur les 4 faces jaunes de la boîte, en croisant les mouvements et en étirant bien la matière. Laissez sécher une demi-heure. La primaire va devenir transparente et poisseuse.

.8. Avec un pinceau acrylique, appliquez le vernis de manière horizontale, sur les 4 faces qui ont reçu la primaire. Des craquelures vont apparaître au bout d'une demi-heure. Laissez sécher une journée.

.9. Préparez un glacis à la cire : dans un ramequin de cire à patiner, ajoutez un peu de pigment ombre naturelle et un peu de pigment ombre brûlée. Lorsque le vernis est bien sec, appliquez ce glacis sur les 4 faces jaunes craquelées. Celui-ci va se loger dans les fissures et mettre en valeur les craquelures. Appliquez un peu de glacis autour du transfert, afin d'éviter que le jaune de dessus ne tranche trop avec le glacis des côtés.

.10. Essuyez immédiatement le surplus avec un chiffon bien tendu **(C)**.

Commode Bollywood ***

Les couleurs indiennes sont chatoyantes et vives : rouge, orange, jaune safran, violet, rose fuchsia, turquoise, anis, doré... Cette minicommode style Louis XV est le support idéal pour jouer avec les rayures, réalisées en patine double.

fournitures

- de la sous-couche
- de la peinture acrylique mate : blanc, rouge grenat, orange foncé, bleu turquoise
- des colorants : bleu outremer, noir, rouge
- 1 sèche-cheveux
- 1 crayon à papier
- des chiffons
- du ruban adhésif de masquage de 2,5 cm de large
- le petit matériel pour peindre, protéger, poncer, lustrer

Le conseil de Sandrine

Une fois que vous avez préparé les couleurs, prenez le meuble en photo, imprimez celle-ci, puis utilisez-la pour réaliser des simulations de rayures au pinceau fin, afin de déterminer la séquence de couleurs et les proportions qui vous conviennent le mieux.

1 La préparation des couleurs

Pour réussir de jolies associations sans se tromper, commencez par faire des recherches de tissus, de céramiques ou de supports indiens, et inspirez-vous des couleurs.

+ « Rouge grenat » : le rouge étant une couleur primaire, on ne peut pas la fabriquer. Achetez directement un rouge grenat, ou partez d'un rouge cerise mat, auquel vous ajoutez 3 ou 4 gouttes de colorant bleu outremer.
+ « Orange foncé » : l'orange étant un mélange de 2 couleurs primaires, on ne peut pas le fabriquer. Achetez de la peinture orange mat qui se rapproche le plus de la couleur souhaitée. Si vous désirez la foncer davantage, ajoutez-y quelques gouttes de colorant rouge vermillon.
+ « Glycine » : dans un pot de confiture rempli aux 1/3 avec de la peinture blanche, ajoutez 5 gouttes de colorant bleu outremer, 1 goutte de colorant noir et 5 gouttes de colorant rouge.
+ « Bleu turquoise » : le bleu étant une couleur primaire, on ne peut pas le fabriquer. Achetez directement un bleu turquoise. Vous pouvez l'intensifier en y ajoutant quelques gouttes de colorant bleu lumière, ou le rendre moins « agressif » en y ajoutant 1 ou 2 gouttes de colorant noir.

2 La patine

.1. Décirez votre support ou partez d'un support brut. Veillez à ce qu'il soit parfaitement dépoussiéré. Appliquez la sous-couche adaptée à votre support (voir p. 12) et laissez sécher.

.2. Poncez légèrement le support avec un papier de verre n° 000 ou n° 320 pour obtenir un toucher « peau de pêche ».

.3. Avec un pinceau acrylique, appliquez une couche de bleu turquoise sur tout le support et laissez sécher. Avec un crayon à papier, matérialisez les rayures sur le support.

.4. Avec de la mèche de coton légèrement imbibée de cire à patiner incolore, tamponnez aux endroits que vous voulez vieillir : les arêtes du plateau et des tiroirs, les angles...

.5. Avec un pinceau acrylique, appliquez une couche de rouge grenat sur le plateau et laissez sécher. Si vous souhaitez que la couleur soit plus intense, appliquez une seconde couche, puis laissez sécher de nouveau.

Le conseil de Sandrine

Si vous n'avez pas le geste sûr et que vous débordez un peu, ce n'est pas grave. Ces défauts seront rattrapés lorsque vous peindrez les rayures qui les chevauchent.

A

B

C

.6. Avec un pinceau à rechampi, peignez à main levée une rayure sur deux, en utilisant un pinceau par couleur. Laissez sécher.
Si vous souhaitez que les couleurs soient plus intenses, appliquez une seconde couche, puis laissez sécher de nouveau **(A)**.

.7. Réservez vos pinceaux en les enveloppant soigneusement dans un sac plastique ou dans du film alimentaire : vous en aurez peut-être besoin ultérieurement pour faire des retouches.

.8. Usez des morceaux de ruban adhésif de masquage en appliquant plusieurs fois la partie adhésive du ruban sur un chiffon. Si vous ne le faites pas, le ruban risque de trop accrocher et d'arracher la peinture lorsque vous le décollerez.

.9. Posez les morceaux de ruban adhésif sur les traits tracés à l'étape 3, afin de peindre les rayures manquantes. Avec un pinceau à rechampi, peignez-les de l'extérieur vers l'intérieur, autrement dit du ruban adhésif vers le centre de la rayure, pour éviter que la peinture ne passe sous le ruban adhésif. Travaillez rapidement afin de ne pas laisser le ruban adhésif en place trop longtemps **(B)**.

.10. Si vous souhaitez que les couleurs soient plus intenses, appliquez une seconde couche. Séchez immédiatement la peinture avec le sèche-cheveux pendant quelques secondes, puis retirez délicatement le ruban adhésif de masquage. Si vous avez arraché de la peinture, réparez les accrocs avec les pinceaux à rechampi ou avec un pinceau n° 6.

.11. Avec du papier de verre n° 120 (ou n° 80 pour un effet très vieilli), poncez les arêtes, les pieds et les angles, afin de faire ressortir la couleur turquoise, qui va lier toutes les couleurs et apporter un effet délicieusement vieilli **(C)**.

.12. Avec un spalter, appliquez une couche de vernis acrylique mat sur le plateau. Laissez sécher, puis poncez légèrement le support avec du papier de verre n° 000 ou n° 320 pour obtenir un toucher « peau de pêche ».
Si vous souhaitez protéger davantage le plateau, répétez l'opération une seconde fois.

.13. Avec une mèche de coton légèrement imbibée de cire à patiner incolore ou un pinceau glycéro, tamponnez tout le meuble afin de bien le protéger. Laissez sécher une journée, puis lustrez avec un chiffon ou de la laine d'acier n° 000.

Quelques conseils pour réussir un meuble à rayures

+ N'utilisez jamais plus de 3 couleurs principales : un trop grand nombre de couleurs peut heurter l'œil. D'autres couleurs peuvent intervenir çà et là.
+ Les rayures doivent être de différentes largeurs et toujours verticales.
+ Le plateau doit être uni, peint dans une des couleurs principales, si possible la plus foncée.
+ Dans la mesure du possible, utilisez la structure du meuble comme repère pour les rayures ; par exemple, le début ou la fin d'un tiroir marquera le début ou la fin d'une rayure.

création

Colonne en bois **

Une imitation bois s'obtient avec une patine à l'anglaise. Cette colonne en plastique thermoformé donnerait presque l'impression d'être en bois sculpté !

fournitures

- de la sous-couche
- de la peinture acrylique mate : blanc, ocre jaune (ou jaune moutarde)
- des colorants : ocre jaune, bleu outremer, rouge vermillon
- de la cire à patiner teinte chêne moyen
- du blanc de Meudon
- le petit matériel pour peindre, protéger, poncer, lustrer

.1. Appliquez la sous-couche adaptée à votre support (voir p. 12) et laissez sécher.

.2. Préparez la matière tabac : dans un pot de confiture à moitié rempli de blanc de Meudon, ajoutez de l'eau tout en remuant jusqu'à obtenir la consistance d'une pâte à gaufres. Complétez aux 2/3 avec de la peinture blanche, puis ajoutez 3 cuillères à café de colorant ocre jaune, 5 gouttes de colorant rouge et 5 gouttes de colorant bleu. Mélangez.

.3. Appliquez une couche de couleur tabac sur tout le support, en laissant des lignes bien droites sur les côtés afin de simuler les veines du bois. Laissez sécher.

.4. Appliquez une seconde couche de couleur tabac pour que la couche laissée sur le plastique ou la résine soit suffisamment épaisse et résistante. Laissez sécher.

.5. Avec un pinceau glycéro, appliquez généreusement de la cire à patiner teinte chêne moyen sur tout le support. Le sens que vous donnez à vos traits de pinceau simule le sens des veines du bois. Laissez de la cire s'accumuler dans les aspérités, mais étirez-la bien sur les parties planes. Laissez sécher entre 2 et 3 jours.

.6. Avec un pinceau glycéro, appliquez de nouveau de la cire à patiner teinte chêne moyen sur tout le support. Laissez de la cire s'accumuler dans les aspérités et essuyez immédiatement avec un chiffon propre sur les parties bombées. Laissez sécher 1 ou 2 jours.

.7. Lustrez avec un chiffon doux ou avec de la laine d'acier n° 000 pour un aspect plus brillant, afin d'accentuer les contrastes.

Toutes les teintes de bois sont réalisables, en variant la couleur de base et la teinte de la cire à patiner :

+ pour une imitation pin, partez d'un jaune clair + un glacis à la cire chêne clair *(A)*;
+ pour une imitation frêne, partez d'un beige lin + un glacis à la cire chêne moyen *(B)*;
+ pour une imitation miel (bois blond), partez d'un jaune citron + un glacis à la cire chêne moyen *(C)*;
+ pour une imitation merisier, partez d'un jaune moutarde + un glacis à la cire chêne foncé *(D)*;
+ pour une imitation chêne moyen, partez d'un brun tabac + un glacis à la cire chêne moyen *(E)*.

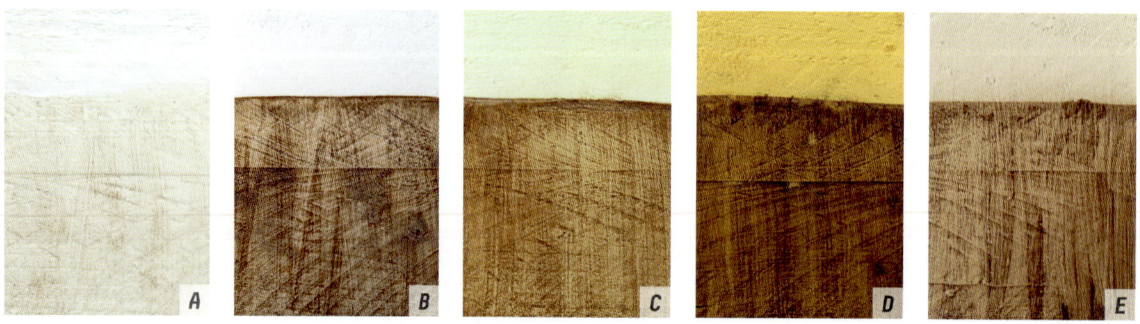